江苏省高校“青蓝工程”中青年学术带头人；
江苏省“333高层次人才培养工程”中青年学术技术带头人；
国家社会科学基金重大项目“现代产业体系发展的理论与政策研究”（11&ZD142）项目资助。

U0886515

新工业革命背景下 长三角产业体系转型升级研究

Research on Yangtze River Delta Industrial System Transformation and Upgrading under the Background of the New Industrial Revolution

唐德淼◎著

经济管理出版社
ECONOMY & MANAGEMENT PUBLISHING HOUSE

图书在版编目（CIP）数据

新工业革命背景下长三角产业体系转型升级研究/唐德淼著．—北京：经济管理出版社，2018.8

ISBN 978-7-5096-5893-2

Ⅰ.①新… Ⅱ.①唐… Ⅲ.①长江三角洲—产业结构升级—研究 Ⅳ.①F127.5

中国版本图书馆 CIP 数据核字（2018）第 161137 号

组稿编辑：丁慧敏
责任编辑：丁慧敏
责任印制：黄章平
责任校对：陈　颖

出版发行：经济管理出版社
（北京市海淀区北蜂窝 8 号中雅大厦 A 座 11 层　100038）
网　　址：www.E-mp.com.cn
电　　话：（010）51915602
印　　刷：北京玺诚印务有限公司
经　　销：新华书店
开　　本：720mm×1000mm/16
印　　张：12.5
字　　数：180 千字
版　　次：2018 年 8 月第 1 版　　2018 年 8 月第 1 次印刷
书　　号：ISBN 978-7-5096-5893-2
定　　价：48.00 元

·版权所有　翻印必究·
凡购本社图书，如有印装错误，由本社读者服务部负责调换。
联系地址：北京阜外月坛北小街 2 号
电话：（010）68022974　邮编：100836

推荐序

众所周知，在世界经济和产业发展过程中，经历了四次工业革命的浪潮，即以蒸汽机技术为代表的第一次工业革命，以电力技术为代表的第二次工业革命，以计算机及信息技术为代表的第三次工业革命，以及正在发生的人工智能、清洁能源、机器人技术、量子信息技术、虚拟现实与以生物技术为主的第四次工业革命，即新工业革命。只有深刻把握了这一次如火如荼的新工业革命的脉搏，才能在新一轮的竞争中处于不败之地。习近平主席在世界经济论坛2017年年会开幕式上指出，与以往历次工业革命相比，第四次工业革命是以指数级而非线性速度展开，我们要创新增长方式，把握好新一轮产业革命、数字经济等带来的机遇，大力培育新产业、新业态、新模式。早在2015年10月，李克强总理在国务院常务会议上强调，互联网+双创+“中国制造2025”，彼此结合起来进行工业创新，将会催生一场“中国新工业革命”。

这场新工业革命既是决定长三角产业发展、产业体系构建与转型升级的最重要的挑战因素，也是该地区产业发展搭上世界技术变革的快车、实现“换道超车”千年难遇的重大机会。长三角地区国土面积21.17万平方公里，约占中国国土面积的2.2%，总人口约1.5亿。作为中国经济发展的明星地区，长三角是中国第一、世界第六大城市群，也是“一带一路”与长江经济带的重要交汇地带，在我国现代化建设和高质量发展过程中具有举足轻重的战略地位，一直是我国率先基本实现现代化的先行地区。世界发展看中国，中国发展看东部沿海，东部沿海主要看长三角。正因为如此，国家发展战略也在不断调整长三角地区的发展路径和政策。2016 年 5 月，国务院批复的《长江三角洲城市群发展规划》，把长三角城市群的城市数量从 16 个扩容到 26 个（包括上海市，江苏省、浙江省和安徽省的相关地级市）。2018 年 5 月，习近平总书记对长三角地区一体化发展提出了总体要求，要求各地提高政治站位，深化思想共识，切实增强责任意识和使命意识，主动融入长三角一体化发展，为全国发展大局做出更大贡献。这就把长三角地区的产业发展、产业体系构建与转型升级的问题，提到了一个全新的高度。

唐德淼博士出版的这本著作，是在他的博士后出站报告的基础上写作而成的。应他的要求我乐意为其作序，推荐给大家学习、参考和评论。趁这个写序的机会，我简单谈谈党的十九大以来我对构建现代产业新体系的认识和体会。

2018 年 3 月 5 日，习近平同志在参加内蒙古代表团审议时指出，推动经济高质量发展，要把重点放在推动产业结构转型升级上，把实体经济做实做强做优；构建多元发展、多极支撑的现代产业新体系。这一重要论述同党的十九大报告提出的着力加快建设实体经济、科技创新、现代金融、人力资源协同发展的产业体系是一致的。在这种现代产业新体系中，发展实体经济是纲，是目标和导向，任何脱离发展实体经济的资源配置状态都会制约国民经济的良性循环和健康发展，都需要加以纠正；科技创新是实体经济发展的第一驱动力；现代金融不仅是资本密集型产业发展的“血液系统”，也是科技创新的支撑；人力资源则是构建现代产业新体系的第一资源。

构建实体经济、科技创新、现代金融、人力资源协同发展的现代产业新体系，是我们党创造性地从要素投入角度确立的产业体系建设新目标，是扎根我国发展实践、符合经济发展规律的重大理论创新。其一，它强调增长要更多发挥高级生产要素的协同作用，更多依靠提高全要素生产率，把处于价值链低端的“汗水经济”转变为处于价值链中高端的“智慧经济”。其二，它强调国民经济中生产要素的投入最终必须落实到实体经济发展上。其三，它不仅鼓励金融服务实体经济，而且要求用现代金融机制支撑科技创新和经济增长。

现代化经济体系是由社会经济活动各个环节、各个层面、各个领域的相互关系和内在联系构成的一个有机整体。实践中，构建现代产业新体系，推动高质量发展，需要处理好以下三个关系：

（1）处理好实体经济与科技创新的关系。这就是要使科技创新在实体经济发展中的贡献率不断提高。目前，我国科技研究方面与世界先进水平的差距要小于实体产业方面与世界先进水平的差距。这一方面说明我国科技进步较快，另一方面也反映出科研成果产业化水平还不够高。科研成果产业化水平不高是个老问题，解决的办法是引导科技创新按照市场规律服务于实体经济。在科研投入生成科研成果的阶段，重在鼓励科研的原创性和独特性；在把科研成果转化成生产要素投入的阶段，重在鼓励科研成果高效产业化。否则，经济的自我循环过程就会发生梗阻，就会出现实体经济与科技创新之间的严重不平衡。

（2）处理好实体经济与现代金融的关系，使现代金融服务实体经济的能力不断增强。当前，金融过度发展影响了制造业的健康发展，大量资金在金融体系内部空转，并未进入实体经济。同时，实体经济自身产能过剩、杠杆率高、生产率低，不能给投资者带来满意的回报，因而吸收不到足够的发展资源。针对这些问题，应继续在实体经济领域去产能、去库存、去杠杆、降成本、补短板，减轻企业负担，不断增强实体经济的生机和活力，为围绕服务实体经济发展现代金融创造良好条件。还应看到，我国经济运行中优质资产供给不足的问题比较突出，有限的优质资产供给不能满足居民的巨大理财需求，资产价格因此被拉高，这也在一定程度上恶化了实体经济发展环境。追求财富增值是人民群众收入水平提高后的重要需求。应积极推进金融创新，扩大有效投资，为社会提供更多可供投资理财的优质资产。

（3）处理好实体经济与人力资源的关系，使人力资源支撑实体经济发展的作用不断优化。为此，要努力提高实体经济的盈利能力，为吸引年轻人到实体经济领域就业创造有利的物质条件。技术工人关系我国制造业的未来，应大幅度提高技术工人的待遇，提高他们的社会地位和经济地位。可以通过探索实施首席技工制度、实行技术工人持有企业股份等，让技术工人和企业共命运、同成长。

该书是在新工业革命的背景下研究长三角地区产业体系转型升级这一重要问题的，具有重要的理论和实践价值。书中提出了长三角产业体系转型升级、战略新兴产业的发展方向和培育“产业链链主”的发展模式；构建了与新工业革命结合的长三角现代产业体系的新路径与新模式；回答了长三角现代产业发展和转型升级、产业选择和新产业优势培育、战略新兴产业和传统产业发展、政府规制和市场作用等匹配问题；为增强长三角地区对全球价值链的控制力提出了新方式与新策略。

该书在一定程度上完善了区域现代产业发展理论体系，对依托新工业革命进行产业转型升级的理论和模式做了新的探索，剖析了新工业革命与区域产业体系转型升级的内在机理，丰富了新工业革命背景下长三角地区的产业发展理论，提出了在新工业革命背景下区域产业转型升级的策略建议，为政府、产业发展部门、企业等应对新工业革命趋势厘清了方向，做出了一定的学术贡献。

是为序。

教育部首批长江学者特聘教授
长江产业经济研究院院长
南京大学博士生导师　刘志彪教授
2018 年 5 月 12 日

前　言

在新工业革命和产业国际化分工的背景下，我国经济和产业发展环境发生了深刻变化；我国经济发展已进入“新常态”，经济需要转变发展方式，产业发展需要转型升级。产业转型升级是我国经济转型和经济持续增长的内在动力，长三角地区是我国经济发展的关键引擎，长三角产业的成功转型将推动我国经济和产业发展的转型升级。因此，基于新工业革命的背景，对长三角产业体系转型升级进行研究非常有必要。

研究目的是揭示产业转型升级的成因、规律和特点，探索长三角产业转型升级的路径，在借鉴国内外研究成果的基础上，结合长三角产业发展现状，找准产业转型升级的方向，促进长三角产业结构的转型升级；提出长三角现代产业构建的目标模式和政策建议，从而丰富区域产业发展理论。

研究是基于“产业环境—结构—行为—绩效—规制”逻辑思路，在调研和理论分析的基础上，依据产业转型理论、产业生命周期理论、区域产业优化理论、产业转移理论、产业集群理论、产业结构演进理论，综合运用规范与定性分析、定量与实证分析、动态与静态分析、国际比较分析等研究方法。

研究过程是采用“理论分析—机制动因—目标模式—规制策略”技术路线，首先对研究问题进行了界定，分析产业发展理论和相关文献，剖析了新工业革命对产业转型升级的影响。其次对产业转型升级规律、路径、趋势和国外模式进行了归纳；在分析我国和长三角产业发展现状和问题的基础上，导出了产业转型升级驱动和制约要素，结合长三角制造业转型升级的案例研究。最后提出了长三角产业转型升级的模式、战略和对策。

研究的主要结论如下：

第一，新工业革命是长三角产业和经济发展的重要因素，必须加以重视，要准确把握新工业革命的技术发展方向，借鉴发达国家和地区应对新工业革命的成功经验，推进长三角产业转型升级。

第二，要结合新工业革命提出长三角产业转型升级新路径、新模式和战略新兴产业的选择方法，对战略新兴产业进行优先发展，增加长三角产业在全球产业链和价值链中的控制力。

第三，要准确把握未来新工业革命的科技发展趋势，进行产业发展的战略规划和规制创新。

目 录

图索引

表索引

1 导 论

1.1 研究背景和意义

进入21世纪以来，新一轮工业革命和科技变革正在孕育兴起。我国能否抓住该重大机遇，在未来发展中后来居上、“弯道超车”，主要就看我们能否在创新驱动发展和转型升级进程中迈出实实在在的步伐。[①] 在经济全球化、产业国际化分工、新工业革命[②]的背景下，我国产业发展的内外环境正在发生深刻变化，同时，我国经济发展已进入“新常态”，发展速度将从高速增长转为中高速增长；从要素驱动、投资驱动转向创新驱动。经济结构不断优化升级，服务经济将成为经济增长的主体，未来服务经济的比重将从50%上升到70%。随着经济新常态的推动，我国经济增长更趋平稳，增长动力更为多元；新型工业化、信息化、城镇化、农业现代化和简政放权，将进一步释放市场活力，服务业将驶入发展“快车道”，从而推动产业结构的不

① 习近平．在中国科学院第十七次院士大会、中国工程院第十二次院士大会上的讲话［R］. 2014-06-09.

② 新工业革命，即新一轮工业革命或第三次工业革命（各文献表述有所不同）：基于信息、计算机、数字化、互联网的制造业变革以及给我们的生活与生产方式乃至交易方式带来的重大变化。

断优化。[①] 在这些变革中，先进生产力将不断产生和扩张，将不断出现“新产业、新业态、新技术和新模式”的“四新”经济，涌现一系列新的经济增长点。

从国际看，产业竞争异常激烈，发达国家提出再工业化战略，同时，调整经济和产业发展战略，吸引高端制造和服务环节回流，加大对国内产业、技术和市场的保护。新兴经济体一方面加快培育具有战略意义的新兴产业；另一方面也利用较低的土地、劳动力等成本优势吸引国际产业转移。经济“扁平化”和互联网融合渗透加深，网络基础设施设备及信息科技应用快速普及，新工业革命促进加强。新一轮工业革命在驱动机制、重点产业、分工体系、影响领域、竞争因素等许多方面呈现出新的特征，新产业、新技术、新业态与新商业模式不断涌现。新一代信息技术主导的网络平台产业、新一代信息技术深度应用的智能制造、资源和环境相关的绿色产业、生命和食品相关的健康产业等成为引领未来的新兴产业。[②] 发达国家在新的技术平台上发展制造业和新兴产业，以核心技术和专业能力掌控着全球价值链的高端环节，对我国产业转型升级产生了“挤压”。

从国内看，经济结构性矛盾突出，高投入、高消耗、高排放的粗放发展方式没有根本提升，产业转型升级阻力很大，产业升级指向不明朗，对优化产业结构形成了“倒逼”态势。产业结构优化升级不到位和产业发展体系不完善，将影响稳增长、促转型经济发展目标的实现。党的十八大报告提出，我国经济正处在转变经济发展方式的战略转型期，要着力优化产业结构，要着力构建现代产业发展新体系。中央在部署2013年经济工作时指出，要加快推进产业结构调整，推动传统产业转型升级，积极培育和发展战略性新兴产业。要根据国际市场结构新需求、产业格局新变化和科技进步新趋势，着力构建现代产业发展新体系，把构建现代产业发展新体系作为优化产

① 田俊荣，吴秋余．新常态：经济增速［N］．人民日报，2014-08-04.

② 王振．2014长三角地区经济发展报告［M］．上海：上海社会科学出版社，2014：2.

业结构的主要任务。

2013 年 12 月，中央经济工作会议指出，要大力调整产业结构和积极促进区域协调发展；要大力发展战略性新兴产业和加快传统产业优化升级；完善创新区域政策，按照主体功能区定位推动发展。会后，央视财经调查表明：当前，我国经济的最大风险主要有产业升级受阻、产能过剩等，其中 GDP 崇拜是经济转型和产业升级的最大阻力。李克强总理强调，我国正处于必须依靠经济转型升级才能持续健康发展的阶段，统筹推动稳增长、调结构、促改革十分重要。稳增长可以为调结构创造有效空间和条件，调结构能够为经济发展增添后劲，两者相辅相成；产业体系转型升级促进经济增长，经济增长也推动产业体系转型升级。① 长三角地区是我国开放最前沿、经济最发达的地区之一，经济发展进入新常态，客观上要求从转型升级中寻求新动力，长三角地区日趋严重的结构型矛盾迫切需要借助转型升级寻求新突破。长三角地区高度的外向化、产业综合配套、产业资源积累和巨大需求市场，可以很好把握新工业革命为长三角产业转型升级带来的新机遇。因此，要着力调结构来推进产业转型升级。

实践中，长三角区域产业体系转型升级仍无突破性的进展，原因是在产业体系转型升级过程中缺乏切实可行的系统性的转型指导思路。该项目研究提出了长三角现代产业构建的目标模式和政策建议，促进了长三角产业体系的转型升级；对长三角产业体系转型升级发展和规制完善，不但具有非常重要的现实意义，而且一定程度上丰富了我国区域产业体系转型升级的发展理论。

1.2 研究界定和问题提出

本书采用的空间界定（调研与数据采集区域）基于区域经济和经济

① 唐德森．产业优化升级视角经济持续增长动力研究［J］．云南社会科学，2014（4）：63-66.

地理学基础，也是目前政府、统计、决策、学术研究等部门通常采用长三角空间的界定。1992年6月，这一空间界定得到国务院的批准，两经增加，目前长三角共有16个城市，包括上海市，江苏省及浙江省的主要城市。[①]

该地区是我国经济最发达的地区之一，[②] 土地面积占全国的2.2%，人口约占全国的11.7%，却创造了全国20%以上的GDP（见表1-1）。

表1-1　2013年长三角概况和主要经济指标

地区	土地面积（万平方公里）	常住人口（万人）	GDP（亿元）	人均生产总值（万元/人）	地均产值（亿元/平方公里）
上海市	0.63	2415.15	21602.12	9.0	3.43
江苏省	10.26	7939.49	59161.8	7.5	0.58
浙江省	10.18	5498	37568	6.8	0.37
长三角	21.07	15852.64	118331.92	7.4	0.56
全国	960	136072	568845	4.2	0.06
全国占比（%）	2.2	11.7	20.8	—	—

2011年，长三角16个城市GDP首次突破8万亿元；2011年长三角地区实现规模以上工业总产值165743亿元；完成工业投入15080亿元；2012年，长三角16个城市GDP总量逼近9万亿元，长三角地区作为东部对外开放的窗口，受全球经济低迷影响，增速略有回落，但仍是我国经济的重要增长极，其稳定的工业生产和持续增加的工业投入，为地区经济增长奠定了基础；2013年，长三角地区GDP总量逼近10万亿元，达到97760亿元，比2012年增加7809亿元，增速均值为9.7%，完成固定资产投资突破4万亿元，达到47198亿元，同比增长16.7%，未来长三角地区在经济和产业发展

① 在本书研究过程中，为有效取得数据，有的地方以上海市、浙江省和江苏省的主要城市的数据为长三角区域研究数据。

② 张磊．中国制造业FDI的效应与决定因素［M］. 北京：中国经济出版社，2010：46.

上的引领作用将进一步增强；中国社科院城市与竞争力研究中心的研究发现，从空间纬度上看，长三角的吸引力指数均值从 2003 年的 4. 014，上升至 2013 年的 4. 129，到 2020 年将达到 4. 562，呈现平稳上升的态势，长三角的一体化进程起步最早、水平最高，无论经济总量，还是产业结构，都领先于珠三角等经济区。① 2008 年国务院颁发的《关于进一步推进长江三角洲地区改革开放和经济社会发展的指导意见》指出，长三角要“加快调整产业结构，努力形成以现代服务业为主的产业结构”；② 2010 年《长江三角洲地区区域规划（2009~2020）》获批，该地区的发展战略定位是亚太地区重要的国际门户、全球重要的现代服务业和先进制造业中心、具有较强国际竞争力的世界级城市群；发展目标是到 2015 年率先全面建设小康社会，到 2020 年力争率先基本实现现代化。该地区将是主导我国未来经济发展的重要区域引擎之一，在推进经济全球化和区域经济一体化的进程中，长三角地区产业取得了长足的发展；但在经济全球化、国际分工和我国积极倡导可持续发展和科学发展观，积极应对新工业革命的背景下，处在战略转型期的长三角，要抓住新工业革命战略机遇期，必须积极推进产业体系、传统制造业的生产方式和制造模式的转型升级。从而提振长三角区域产业的核心竞争力对接世界产业链，发挥经济引擎导向作用。“十二五”规划指出，要坚持把经济结构战略性调整作为加快转变经济发展方式的主攻方向；促进经济增长向依靠第一、第二、第三产业协同带动发展。③ 结构因素是影响一国经济发展的重要变量，经济结构是否合理、结构转变是否适时、各种结构之间是否协调，都直接关系到经济发展的质量。④

2014 年 4 月，中共中央政治局召开会议，研究当前经济形势和经济工

① 张轲．中国社科院财经战略研究：沪苏浙皖“世界超级经济区”已形成［N］. 第一财经日报，2014-05-13：B16.

② 芮明杰，赵小芸．产业发展与结构转型研究［M］. 上海：上海财经大学出版社，2012：89.

③ Demiao Tang. Study on Industrial Upgrading under the Background of China's Economic Transformation［J］. WIT（Press）- Transactions on Information and Communication Technologies Volume 61, MIIT 2013（1777-1784）.

④ 易善策．产业结构演进与城镇化［M］. 北京：社会科学文献出版社，2013：1.

作时指出：要加大对实体经济的支持力度；要加快调整优化经济结构，推动提质增效升级，加快发展生产性服务业，促进制造业结构调整和产业升级，推进重大节能环保、资源循环利用等技术装备产业化。28日，李克强总理在重庆主持召开座谈会，研究依托黄金水道建设长江经济带，为中国经济持续发展提供重要支撑时指出，长三角地区是我国经济增长的重要一极，建设长江经济带，就是要构建沿海与中西部相互支撑、良性互动的新棋局，通过改革开放和实施一批重大工程，让长三角区域、长江中游城市群和成渝经济区三大“板块”的产业和基础设施连接起来、要素流动起来、市场统一起来，促进产业有序转移衔接、优化升级和新型城镇集聚发展。

我国经济发展过程，主要表现为产业结构不合理、产品附加值低、科技含量低、产业链底层的从业人口比重高、经济贡献率与资源消耗比不合理等多方面。其带来的影响不仅包括产能过剩、高端市场和核心技术被国外占领、环境污染、产业链条薄弱；更为严重的是，产业同质化严重以至于无法形成区域市场的一体化，产业升级之路势在必行。长三角区域发展失衡、产业结构不合理、生态破坏严重等问题，也深刻制约着经济的可持续发展。为此，我国先后颁布了《促进产业结构调整暂行规定》和《产业结构调整指导目录》等文件，推进长三角区域产业结构的转型升级、落实科学发展观、实现经济可持续发展。

长三角要构建现代产业发展新体系，必须发展战略性新兴产业，促进经济向绿色、低碳、“循环”方向发展，大力发展循环经济和再制造产业。美国首任财长汉密尔顿曾提出制造业是一切工业的母业，优先重点发展制造业。要促进全产业链整体升级，推进信息化与工业化深度融合，深化信息技术集成应用；实施智能制造工程，促进制造模式向数字化、网络化、智能化、服务化转变，构建智能模块化长三角制造业网络体系。推动先进制造业①与现

① 先进制造业是指能够不断吸收国内外高新技术成果，并将先进制造技术、制造模式及管理方式综合应用于研发、设计、制造、检测和服务等全过程的制造业，具有技术含量高、专业分工强、经济效益好、创新能力强、资源消耗低和服务功能优等特点。

代服务业融合；没有高水平的生产性服务业，既难以支撑先进制造业的发展，也无法带动传统制造业的转型升级。①

本书②将以长三角产业体系转型升级为对象，基于新工业革命的背景，揭示产业体系转型升级的成因、规律和特点，探索长三角产业体系转型升级的路径，在汲取国内外研究成果的基础上，提出切实可行的长三角现代产业体系构建的目标模式和政策建议。产业体系是衡量一个区域或国家的社会经济发展水平的重要标志。产业转型升级是现代经济发展的内在动力，进行长三角区域产业转型、变革传统的产业结构与发展模式的研究是转变经济增长方式、寻找新的经济增长点，实现经济可持续发展的内在要求和有效途径。它表现为产业结构由低技术水平、低附加价值状态向高新技术、高附加价值状态的演变趋势。高质量、高效益和低消耗、低污染是现代产业体系可持续发展的重要标志，可持续性是现代产业体系的标志性特征。

1.3 研究方法与逻辑思路

研究将基于技术经济范式，在新工业革命的背景下审视长三角产业体系的转型升级问题。产业革命的本质是技术经济范式的演进，技术经济范式是在熊彼特的创新范式和康德拉季耶夫（Kondratieff）长波周期理论的基础上，由技术创新经济学家佩雷斯和弗里曼为主提出的理解经济发展趋势的理论，重要特征是，在整个经济中具有渗透效应，其本质是在一定社会发展阶段的主导技术结构以及由此决定的经济社会发展的模式和水平，即以一个或

① 张琰．生产性服务业创新问题研究——基于产业链协同创新的视角［M］．上海：复旦大学出版社，2012：1.

② 选题来源于芮明杰教授主持的国家社会科学基金重大项目“现代产业体系发展的理论与政策研究”（批准号 11&ZD142）。

几个主导技术群构成不同时代经济增长的技术基础；这些主导技术群决定了一定时期内经济增长的模式和水平；随着科学技术的发展，主导技术群也会发生变化，经济发展的技术基础也随之改变，进而改变经济发展模式，从而导致技术经济增长范式的更迭。[①] 同时，在调研和资料收集整理的基础上，分析影响长三角地区产业体系的主要因素，采用产业经济学的研究方法，即研究方法的集合，[②] 如规范分析与实证分析相结合、定量研究与定性研究相结合、静态分析与动态分析相结合、统计分析与比较分析、结构分析与系统动力分析方法和国际比较的方法（见图 1-1）；产业组织经济学的传统分析

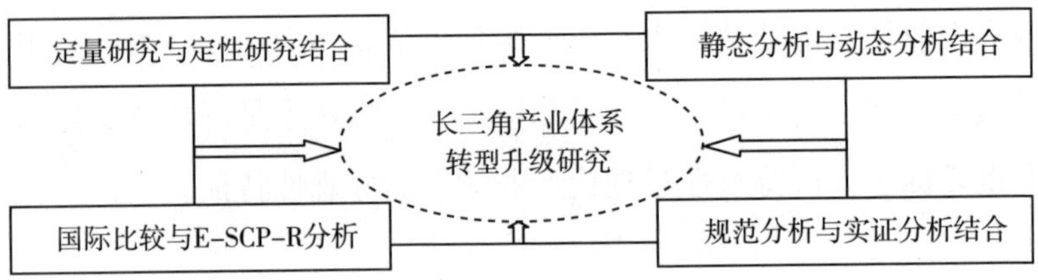

图 1-1　研究方法逻辑关系

范式是“结构—行为—绩效”，谢勒（M. Scherer）出版的《产业市场结构与经济绩效》（1980 版）一书，在贝恩（S. Bain）的基础上提出了“结构—行为—绩效”（Structure-Conduct-Performance）三段范式，即 SCP 分析框架。按照传统的理论，市场结构、行为、绩效的关系是单向的，即市场结构决定厂商行为，厂商行为决定市场绩效；而产业组织经济学的发展，则注重市场结构、行为、绩效之间的双向关系和动态变化，如果厂商做出适应性的反应，就会改变行为和市场结构，市场绩效也会导致结构和行为的变化。[③] 本书在 SCP 单向静态分析范式的基础上，提出采用 E-SCP-R 双向的动态的分析范式。E 指产业链特性和基本环境，R 指（政府）规制。“基本

① 朱瑞博，刘芸．第三次工业革命与上海新兴产业发展［M］．上海：上海人民出版社，2014：21.

② 廖进球，吴昌南．产业组织理论［M］．上海：上海财经大学出版社，2012：14.

③ 黄桂田．产业组织理论［M］．北京：北京大学出版社，2012：8.

环境（含产业链特性）—结构—行为—绩效—（政府）规制”五段分析范式（见图 1-2），即 E-SCP-R 产业发展分析范式逻辑思路。揭示长三角地区产业体系转型升级的内在规律、探索“经济新常态”下长三角地区产业体系转型升级的策略路径，探索新工业革命背景下长三角产业体系构建模式和政策建议。

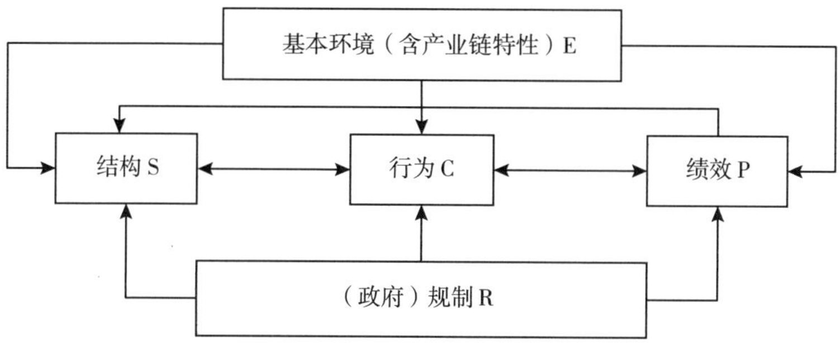

图 1-2 E-SCP-R 产业发展分析范式逻辑思路

1.4 本书研究框架

本书将按上述逻辑思路，综合运用产业转型理论与可持续发展理论、产业生命周期理论与区域产业结构优化理论、增长极理论与区域发展不平衡理论、产业转移理论与产业集群理论、产业结构演进理论，如“配第—克拉克定律”、钱纳里“标准产业结构模型”、工业化阶段与服务业发展的相关理论等；并结合产业经济学、区域经济学、循环经济学等，在吸收国内外研究成果的基础上，在新工业革命的背景下，坚持科学发展观，审视长三角区域产业体系转型升级问题，遵循产业体系转型升级演进的逻辑路线“理论分析—机制动因—目标模式—规制策略”展开研究（见图 1-3）。

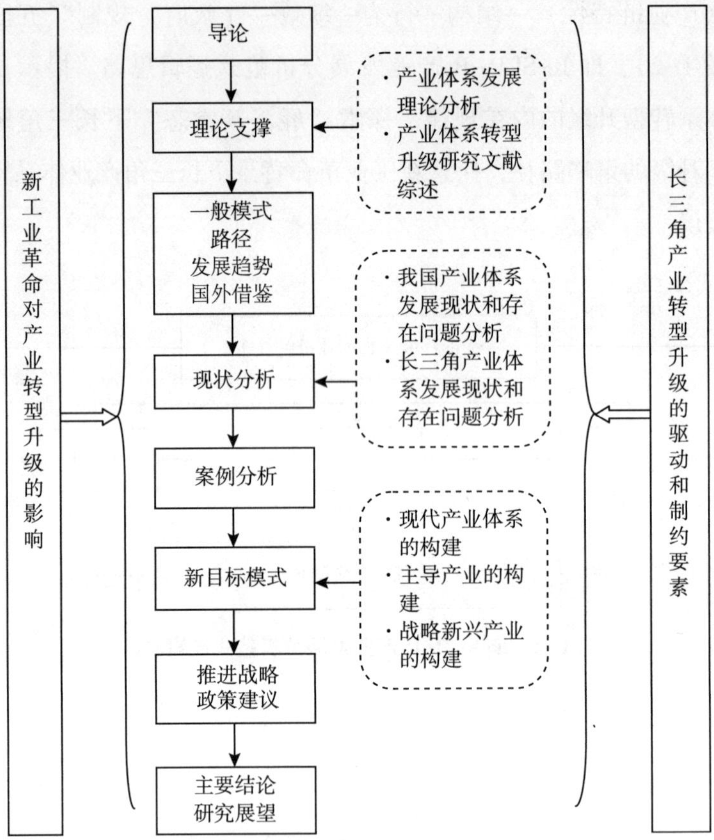

图 1-3　研究框架逻辑

1.5　本书可能创新与不足

本书将依托新工业革命的影响研究产业体系转型升级这一重要问题，没有局限于现有产业转型升级的视角，而是从以往产业转型升级研究很少涉及的角度，前瞻性地探索创新完善现代产业发展理论、产业结构优化理论、产业体系转型升级的演进发展理论等重要论述；项目将创新解决的关键问题是长三角如何结合新工业革命构建现代产业体系的路径模式，揭示长三角产业体系转型升级的内在规律，为长三角现代产业体系转型升级提供机制建议、政策参考和理论支撑；研究将找准（长三角）产业体系转型升级的方向、转型升级的目标模式即回答好如何转型升级的问题，将突破现有产业行政管理体制，设计出以市场发挥配置资源主导作用的产业规制模式，切实释放好产业规制变革红利的正能量；将创新处理好长三角现代产业体系发展和结构升级匹配、实体经济和虚拟经济匹配、战略新兴产业和传统产业匹配、政府管治和市场基础作用匹配、发展速度和运行效率匹配等重要问题，洞察长三角产业体系的转型升级的内在逻辑关系，形成具有独特性、科学性、创新性和实践指导性的研究结论。同时创新性地研究产业转型升级以往研究未涉及的方面；在研究方法和研究范式上也做了一些有益的尝试。但由于受数据采集和统计的限制，实证分析部分显得不够深入，有待进一步提高。

2 产业发展理论和研究文献分析

2.1 研究的相关概念

产业是国民经济中具有某些相同特征的产品和劳务的生产经营企业或单位及其活动的集合或系统。是一些具有相同生产技术或产品特征的经济活动集合或系统，由微观企业集合而构成。是国民经济的组成部分，产业的集合、消费者和政府的经济活动构成国民经济。①

产业结构是指国民经济系统中资源在产业间配置状态，各产业所占比重，以及产业间的技术经济联系，各物质资料生产部门之间的组合与之匹配的情况，以及各个生产部门在社会生产总体中所占的比重，产业间的比例关系及其发展规律的形态和产业间投入产出联系的形态。② 有学者认为，产业结构是各种产业载体在分化与重组过程中所形成的产业关联状态及其空间存在形式。产业结构包括四层含义，国民经济各产业之间和产业结构内的量的比例关系、产业组织、产业技术水平、产业区域分布。产业结构是由许多相互联系的要素所组成的一个有机结合的系统，组成产业结构的各个要素，具

① 芮明杰．产业经济学［M］．上海：上海财经大学出版社，2012：141.
② 张冬梅，汪彤．产业经济学［M］．北京：社会科学文献出版社，2013：126.

有层次性、相关性和相对性的特征。

产业结构的升级演进和经济总量的增长互为促进。产业结构决定供给结构，产业结构合理化是实现供给结构合理化的有效途径，而要深入研究我国的产业结构，必须先确定我国产业的类型特征结构；一个产业的前向连锁①与后向连锁②关系一般是由其自身的技术经济特性决定的。可以从产业关联的角度来分析产业结构变动趋势，确定产业结构转型升级方向。对于同一个国家，两个年份的各部门产业结构份额变动值之和（$i^t\Delta X_S$）等于零，为了测度产业结构的总变动，采用两个年份各部门产业结构份额变动值的平方和平方根作为测度产业结构总变动的指标，用 D 来表示：③

$$D = \sqrt{\sum_{i=1}^{n} (\Delta X_{Si})^2} \tag{2-1}$$

式（2-1）中 ΔX_{Si} 表示第 i 个部门的产业结构份额变动值，n 表示投入产出表中部门的个数。

区域产业结构是指经济区域内产业与产业之间的技术经济联系和数量比例关系。区域产业结构之间互补性、依存性较强，区域产业结构演进决定区域工业化、现代化进程，区域产业结构的高度化和合理化推动区域经济的发展。

按照三次产业在国民经济中所占比重不同的方法将产业结构进行分类，称为三次产业分类法。这种方法是费希尔 1935 年在《安全与进步的冲突》一书中最先提出来的。三次产业：与农业相对应的为第一产业、与工业相对应的为第二产业和以服务业为主的第三产业。④ 三次产业分类法将产业结构分为 1-2-3 型、1-3-2 型、2-1-3 型、2-3-1 型、3-1-2 型、3-2-1 型六种类型。如 3-2-1 型产业结构，第三产业在国民经济中所占比重最大，第

① 产业的前向连锁是指某产业的产品在其他产业中的利用而形成的产业关联。

② 产业的后向连锁则是指某产业在其生产过程中需要投入其他产业的产品所引起的产业关联。

③ 刘保君．产业结构演变成因分析模型及其应用［M］．北京：中国统计出版社，2010：107.

④ 郑凯捷．分工与产业结构发展——从制造经济到服务经济［M］．上海：复旦大学出版社，2008：27.

二产业次之，第一产业最小。这是后工业化社会或发达的工业化国家以服务业为主的产业结构。三次产业分类法在实际运用上的具体划分标准和范围还未达到完全一致，本书主要以三次产业分类为依据。

产业结构升级在我国又被称为产业结构优化升级、产业结构优化，早期的一些学者都称产业结构升级为产业结构优化。吕铁、周叔莲（1999）提出产业结构变动存在高度化效应和合理化效应两种效应；李红梅（2000）则指出产业结构优化主要意味着产业结构的升级、技术、资本密集程度及附加值的提高；Humplrey 和 Schmitz（2002）提出了在全球价值链背景下产业升级的四种方式：技术升级、产品升级、功能升级和价值链间升级，其中前三种方式可视为产业内升级，价值链间升级即产业结构调整。产业升级包括两个层面：一是产业内升级（向高端产业或产业链高端），产业内部的技术、功能等提升视为产业的高度化；二是产业结构升级，而价值链间的升级是产业间的合理化，这与产业结构升级的内涵是一致的，从广义的视角上看，两者无本质区别。产业结构优化是产业之间的经济技术联系包括数量比例关系由不协调不断走向协调的合理化过程、产业结构由低层次不断向高层次演进的高度化过程。苏东水（2002）提出产业结构优化的实质是要实现资源在产业之间的优化配置和高效利用。产业结构的优化包括产业结构合理化①、产业结构高度化②和产业结构高效化③，一是结构效益优化，即产业结构演进过程中经济效益不断提高；二是转换能力优化，即产业结构对技术进步、社会资源供给状况和市场需求状况变化的适应能力的优化，它包括传统产业向现代产业转换的能力、长线产业向短线产业转换的能力、衰退产业不断消亡和新兴产业不断产生的能力。产业结构的合理化和高度化是产业结构向高技术化、高知识化、高资本密集化、高加工度化和高附加值化发展的动

① 产业结构合理化主要指产业之间协调能力的加强和关联水平的提高，产业之间有较强的互补和谐关系和相互转换能力。

② 产业结构高度化是指通过创新技术进步，使产业结构整体素质和效率向更高层次不断演进的动态过程。

③ 产业结构高效化主要指低效率产业的比重不断下降和高效率产业比重的不断增大。

态过程，决定着产业经济效益的高低。① 产业结构优化是三次产业之间在保持相对均衡的基础上不断演进的结果，这种演进会导致产业边界和关联关系的重构。

产业体系是一国国民经济中产业因各种相互关系而构成的整体，其主要特征为系统性、层次性和有序性。② 产业体系作为国民经济的一个构成系统，其组成要素之间必定存在着某种相互依赖和相互作用的关系，这种关系形成了产业结构。根据系统论的观点，系统普遍遵循整体优化的规律。产业体系的发展演进是一个动态的过程，伴随着产业要素产业结构和产业功能的不断优化。

现代产业体系，是指现代元素比较显著的产业构成，主要指第一、第二与第三产业的构成体系。不同经济发展水平的国家现代产业构成差异比较大，所以现代产业体系含义不同。在经济发达国家，现代产业体系主要指现代服务业发展比较充分的产业构成，一般情况下现代服务业要占其 GDP 的 70%左右。而在发展中国家，现代产业体系主要指工业化进程比较健康的产业构成，一般指工业增加值占 GDP 50%左右、第三产业所占比重稳定上升的产业构成。③ 第三产业发展迅速，科技进步在经济社会发展中的贡献份额提升比较快，核心竞争力不断增强的产业体系，其现代性主要体现在科技进步对经济社会发展作用越来越大。现代产业体系已经实现了产业结构的优化升级，其核心是一个先进制造业、现代服务业和现代农业互相融合、协调发展的系统，是转换经济发展方式、实现科学发展、构建资源节约环境友好型社会的产业载体。具有创新性、开放性、融合性（融合化）、集聚性、可持续性（绿色化）、市场适应性、服务化、高技术化与国际化等特征。

产业链包含价值链、企业链、供需链和空间链四个维度，产业依据前、后向的关联关系组成的相互对接均衡的网络结构；产业链中存在着上下游关

---

① 张玉冰，许罗丹．产业经济学［M］．北京：机械工业出版社，2013：97.

② 赵寅，张永庆．现代产业体系理论研究综述［J］．经济师，2010（1）：40.

③ http：//baike. baidu. com/view/1266204. htm.

系和相互价值的交换关系。[①] 产业链的实质就是产业关联，即各产业相互之间的供给与需求、投入与产出的关系。简新华认为，经济活动中的各产业依据前、后向的关联关系组成了产业链。周新生认为，产业链是指一个产业在生产产品和提供服务过程中按内在的技术经济关联要求将有关的经济活动、经济过程、生产阶段或经济业务按次序联结起来的链式结构，产业链的实质是技术经济关联链。

2.2 产业发展理论分析

产业结构是不断由低级向高级，由简单向高度化和合理化演进。产业结构的演进规律，为产业结构的优化升级提供了理论支撑。产业结构演进和产业发展的基本理论如下。

2.2.1 配第—克拉克定理

配第（Petty，1676），最先发现了世界各国国民收入水平的差异和经济发展的不同阶段，主要原因是产业结构的不同。克拉克（Clark，1940）进一步证实了他的结论，随着人均国民收入水平的提高，就业人口就从第一产业向第二产业转移；当进一步提高时，就业人口便大量向第三产业转移。[②] 这一规律即配第—克拉克定理，正确反映了经济发展中“产业软化”的实际情况，是研究产业结构演进的基础理论。

---

① http：//baike. baidu. com/view/479661. htm.

② 张冬梅，汪彤. 产业经济学［M］. 北京：社会科学文献出版社，2013：130-131.

2.2.2 罗斯托主导产业扩散效应理论和经济成长阶段论

罗斯托（Rostow，1960、1971）提出了主导产业及其扩散理论和经济成长阶段论。[①] 对推动阶段性演进起决定作用的主导部门及其更替所具有的特性作了规范解释。经济增长之所以能够保持，是由于为数不多的主导部门迅速扩大，即产生了主导产业的扩散效应。主导部门序列不可任意改变，任何国家都要经历由低级向高级的发展过程；主导产业能够依靠科技进步或创新获得新的生产函数，并能够通过扩散效应有效地带动其他相关产业的快速发展。

2.2.3 钱纳里工业化阶段理论

霍利斯·钱纳里（Hollis B. Chenery，1986）运用实证研究和比较研究等方法考察了9个准工业化国家的经济增长与产业结构转变的关系，构建了产业结构转变的标准形式；[②] 将不发达经济到成熟工业经济的整个变化过程划分为三期产业六个阶段（见表2-1）。

表2-1 钱纳里工业化阶段驱动因素和主导产业

三期产业	部门特点	六个阶段	主要驱动因素	特征与主导产业
初级产业	对经济起主要作用的制造业，如纺织、食品等	前工业化阶段（不发达经济）	土地自然产出与劳动力	没有或极少有工业，生产力水平低，以农业为主导
		工业化初期阶段	机器代替手工劳动	机器工业开始代替手工劳动，多为食品、采掘、建材等初级产品的生产，多为劳动密集型产业，以纺织工业为主导

① 张玉冰，许罗丹．产业经济学［M］．北京：机械工业出版社，2013：96.

② 王爱君．发展经济学流派与方法比较［M］．湖北：武汉大学出版社，2012：76.

续表

三期产业	部门特点	六个阶段	主要驱动因素	特征与主导产业
中期产业	对经济起主要作用的制造业，如矿产品、石油、煤炭等	工业化中期阶段	以重化工业资本积累	重工业迅速增长，非农业劳动力占主体，第三产业有所发展，重化工业成为主要推动力量，多为资本密集型产业，以重化工业为主导
		工业化后期阶段	技术革新 生产效率提高	生产效率大幅提高，第一、第二产业协调发展，第三产业高速增长，以第二产业加工工业为主导
后期产业	对经济起主要作用的制造业，如日用品、机械、信息技术、互联网、新材料等	后工业化阶段（后工业化社会）	科技进步	高档耐用消费品普及，技术密集型产业迅速发展，高新技术产业为主导
		现代化社会	新工业革命 新一代信息技术 互联网	第三产业内部开始分化，消费呈现多样化，知识密集型产业、新一代信息产业和现代服务业为主导

资料来源：Chenery 等（1968）. Development Patterns：Among Countries and Over Time［J］. The Review. Economics and Statistics. 转引自薛领，翁瑾等．转型升级与区域服务业发展：理论、规划和案例［M］. 北京：北京大学出版社，2013：39；并经归纳整理。

霍利斯·钱纳里指出，随着经济的不断发展，人均收入水平的提高，工业和服务业占 GDP 的比重会不断升高，农业的比重会不断下降;① 揭示出制造业内部结构转换的原因是产业间存在产业关联效应，并指出不同国家或地区的结构转变受一国或地区的资源禀赋、初始结构以及所选择的产业政策影响。② 赛尔奎因与钱纳里等还概括了准工业国家的制造业标准模型：在工业化的第一个阶段即准工业国家，制造业产出在 GDP 中的比重，一般模式为 18%，大国模式为 19%，随后逐步提高。制造业产出在 GDP 中的比重上升到 36%的最高水平，形成自然限制，此时为工业化的后期结束阶段。

① 李东军，张辉等．北京市产业结构优化调整路径研究［M］. 北京：北京大学出版社，2013：8.
② 黄南．现代产业体系构建与产业结构调整研究［M］. 江苏：东南大学出版社，2011：2.

2.2.4 霍夫曼工业化经验法则

德国经济学家霍夫曼（Hoffmann，1931）通过对多国家经济发展时间序列数据的分析，阐述了工业过程中重化工业阶段的结构演变规律，提出了霍夫曼工业化经验法则的工业化阶段理论（见表 2-2）。

表 2-2 霍夫曼工业化阶段及其变化

阶段	霍夫曼比率	阶段特征描述
第一阶段	5（±1）	消费品工业占主要地位
第二阶段	2.5（±1）	资本品工业快于消费品工业增长
第三阶段	1（±0.5）	资本品工业继续快速增长，基本与消费品工业平衡
第四阶段	1 以下	资本品工业占主要地位，实现工业化

霍夫曼工业化经验法则，在一定程度上是符合工业化进程中工业结构的演变规律的，特别是符合工业化的前期发展趋势。日本经济学家盐谷佑一利用产业关联理论，对霍夫曼定理进行了重新论证。其计算结果表明：霍夫曼定理主要适用于工业化中期，工业化后期霍夫曼系数比较稳定。

2.2.5 库兹涅茨人均收入影响论

库兹涅茨（Kuznets，1966、1971）利用经济统计体系，在深入三次产业所实现的国民收入的比例关系及其变化上，对产业结构的变动与经济发展的关系进行了研究，[①] 产业结构的变动，受人均国民收入变动的影响，得出了具有一般性的产业结构演变规律，揭示了产业结构变动的总方向，即库兹涅茨人均收入影响论。

---

① 张玉冰，许罗丹．产业经济学［M］．北京：机械工业出版社，2013：96.

库兹涅茨指出，工业化过程中，第一产业实现的收入占整个国民收入的比重与第一产业劳动力占全部劳动力的比重一样，处于不断下降之中；第二产业创造国民收入的比重及占用劳动力的比重都会提高，其中前者上升的速度会快于后者，而在工业化后期，第二产业的国民收入比重和劳动力比重会有不同程度的下降；[①] 第三产业创造国民收入的比重及占用劳动力的比重会持续地处于上升状态，工业化达到一定水平时，第二产业不可能再大量吸收劳动力，第三产业具有很强的劳动力吸纳能力，但是劳动生产率的提高并不快，无论是劳动力的相对比重还是国民收入的相对比重，第三产业一般是三次产业中规模最大的产业，其中在工业化前期、中期阶段，其劳动力比重的上升速度会快于国民收入的比重（见表 2-3）。

表 2-3 库兹涅茨人均收入三次产业影响分析

产业	（1）劳动力的相对比重		（2）国民收入的相对比重		（3）=（2）/（1）相对国民收入	
	时间序列分析	横截面分析	时间序列分析	横截面分析	时间序列分析	横截面分析
第一次产业	下降	下降	下降	下降	（1 以下）下降	（1 以下）几乎不变
第二次产业	不确定	上升	上升	上升	（1 以上）上升	（1 以上）下降
第三次产业	上升	上升	不确定	微升（稳定）	（1 以上）下降	（1 以上）下降

2.2.6 雁形产业发展形态说

雁形产业发展形态说（Flying Geese Paradigm）由日本学者赤松要（Akamatsu，1932、1960）提出，是指通过国外引进—国内生产—产品出口

① 邹昭晞. 北京市产业升级与协调发展研究［M］. 北京：经济管理出版社，2014：2-3.

的循环，使后起国实现产业结构工业化、重工业化和高加工度化。他将一国的产业发展与国际市场联系起来，提出了著名的“雁行模式”（后经其他学者研究完善），指出一国国内特定产业生命周期由五个阶段构成，即进口、进口替代、出口增长、成熟和返进口等，[①] 如图 2-1 所示。[②] 雁形产业发展形态说表明，后进国家可以通过进口利用和消化先进国的资本和技术、同时利用低工资优势再进入先行国市场。山泽逸平扩展了雁形产业发展形态理论，提出了引进—进口替代—出口成长—成熟—逆进口五个阶段。

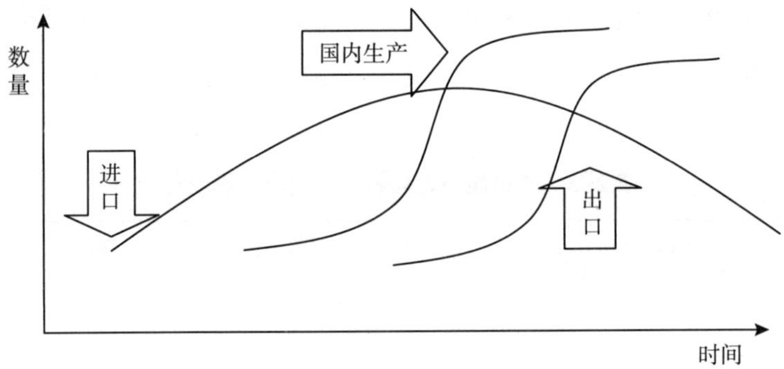

图 2-1　赤松要的雁形形态模式

2.2.7　产业集聚理论

产业集聚理论认为，同一产业内的企业在空间上聚集在一起产生了外部规模经济、集聚经济等优势，从而使产业集聚区内的企业具有竞争优势。[③] 产业集群是一个区域内竞争性和合作性产业的集聚，它们以水平和纵向关系相联，包括强大的共同买卖关系，以及依靠共同的专业化经济机构的成

① 邹昭晞．北京市产业升级与协调发展研究［M］．北京：经济管理出版社，2014：4.

② 芮明杰．产业经济学［M］．上海：上海财经大学出版社，2012：181.

③ Ge Ying. Globalization and Industry Agglomeration in China［J］. World Development，2009，37（3）：555-558.

立等，为区域带来了新的财富并帮助驱动经济增长。[①] 产业集群的动力机制是驱动产业集群发展和演化的力量结构体系及其运行规则，具有一定的规律性和稳定性。[②] 马歇尔的外部经济理论认为，产业集聚区能产生诸如专业化的供应商、劳动力市场共享以及知识外溢等外部规模经济，从而提升产业集聚区企业的竞争能力；[③] 克鲁格曼新经济地理学认为，地区的产业集聚可以因为历史的偶然因素形成，并且一旦形成，集聚的优势会因路径依赖而被放大，不断自我强化。随着交通运输的日益发达、运输成本的下降，原材料和市场对产业布局的影响日益弱化，而一个地区现有的产业基础、集聚程度以及分工合作的重要性成为企业越来越重要的选址考虑因素。集群具有优势和劣势（见表 2-4）。[④] 波特认为，产业集群的建立可以在三个方面提升区域竞争力，首先提高该区域企业的生产率，其次指明创新方向和提高创新率，最后衍生出新的企业，扩大和加强集群本身的产业发展能力。[⑤]

表 2-4 集群的优势和劣势

	需求方	供给方
优势	强大的当地客户 降低的顾客搜寻成本 集群的市场份额收益 降低的交易成本 信息外部性	强大的当地供应商 专业劳动力和其他特别投入池 共享的基础设施 降低的交易成本 信息外部性和知识溢出 促进创新

① ［澳］罗伯特·J. 斯廷森，罗杰·R. 斯托，布莱恩·H. 罗伯茨．区域经济发展分析与规划战略［M］. 朱启贵译．上海：格致出版社，上海人民出版社，2012：217.

② 易明．产业集群治理体系研究［M］. 湖北：中国地质大学出版社，2011：10.

③ Ciccone A. Agglomeration Effects in Europe［J］. European Economic Review, 2002. 46（2）：216-218.

④ ［英］彼得·斯旺．创新经济学［M］. 韦倩译．上海：格致出版社，上海人民出版社，2013：124.

⑤ 苏娜．高技术产业与区域经济协调发展研究［M］. 北京：经济科学出版社，2011：11.

续表

	需求方	供给方
劣势	产品市场的竞争性	投入市场的竞争（房地产、劳动力）——“过热” 地方基础设施过度伸展 拥挤（比如交通运输方面） “新思想需要新空间”

新工业革命促使传统地理集群的空间局限正被逐渐突破并形成网络意义上的集聚，促使产业集群虚拟化。虚拟产业集群中的企业对市场和技术变化的反应更为敏感，可以在较短时间内以较低成本整合各种资源，具有很强的开放性与灵活性。这一新的资源配置方式会在很大程度上影响产业内部组织形式。

研究表明，集聚程度①和集聚效益②之间呈倒“U”型关系，即假定一开始企业在空间布局上是均匀分布的，后来随着企业在该区位集聚程度的增加，企业在空间上的集聚效益开始上升；当集聚程度上升到某一临界值时，集聚效益上升到最佳状态；然后，随着集聚程度继续上升，集聚效益开始下降。上述集聚程度与集聚效益之间的倒“U”型关系，主要是企业集群的内部规模经济与外部规模经济或集聚经济特性所致（见表 2-5）。实践中，轻工业的内部规模经济性程度较低，增长缓慢；重工业的内部规模经济性程度较高，增长较快。长三角代工企业通过低成本优势从事的主要是轻工业产品，主要靠发挥集聚经济的优势。本质是以专业化分工的协作为基础，并与企业规模经济和产业集中相联系，由内部经济与外部经济组成，集聚效益是衡量产业空间布局合理性的重要指标之一。③

① 集群程度是指把生产按照某种规律集中到同一地点来进行，能够节约生产和销售成本。

② 集聚效益是指通过企业间的分工协作、共同使用公共设施、共同享受通信，以便于集中管理等而获得的效益。

③ 刘志彪，郑江淮等．均衡中国：长三角发展新模式［M］. 北京：中国人民大学出版社，2014：73-74.

表 2–5 企业集群的规模经济分类与典型模式

<table>
<tr><th colspan="4">规模经济类型</th><th>典型模式</th></tr>
<tr><td rowspan="3">内部</td><td colspan="3">1. 金钱</td><td>购买中间投入资料时可以得到巨额回扣</td></tr>
<tr><td colspan="2" rowspan="2">技术</td><td>2. 静态技术</td><td>工厂经营中固定成本降低带来的平均成本降低</td></tr>
<tr><td>3. 动态技术</td><td>学习更有效地经营工厂</td></tr>
<tr><td rowspan="9">外部或集聚</td><td rowspan="4">地方化</td><td rowspan="3">静态</td><td>4. “购买”</td><td>购物者被吸引到有更多消费者的地方</td></tr>
<tr><td>5. “亚当·斯密”专业化</td><td>外购使上游投入资料供应者和下游公司均从专业化带来的生产率提高中受益</td></tr>
<tr><td>6. “马歇尔”劳动市场共享</td><td>具有特定工业技能的工人被吸引到生产较为集中的地区</td></tr>
<tr><td>动态</td><td>7. “马歇尔—阿罗—罗默”干中学</td><td>一段时间内反复持续的生产活动引起成本下降，并在同一地方产生影响</td></tr>
<tr><td rowspan="4">城市化</td><td rowspan="3">静态</td><td>8. “简·雅各布斯”创新</td><td>一个地区从事的生产活动的种类越多，从别人那里观察和学习新知识、新观念的机遇也就越多</td></tr>
<tr><td>9. “马歇尔”劳动市场共享</td><td>某一产业的工人为其他产业的公司带来创新；与第 6 条相似，但是效益源自同一地方产业的多元化</td></tr>
<tr><td>10. “亚当·斯密”专业化</td><td>与第 5 条相似，主要区别在于同一地方众多不同的购买产业的存在使劳动分工成为可能</td></tr>
<tr><td>动态</td><td>11. “罗默”内生增长</td><td>市场越大，利润就越高，地区对公司的吸引力就越大；工作越多，劳动力就越多，市场就越大</td></tr>
<tr><td colspan="3">12. “纯”集聚</td><td>将基础设施的固定成本分摊到更多的纳税者身上，拥堵和污染增加了成本</td></tr>
</table>

资料来源：转引自刘志彪，郑江淮等．均衡中国：长三角发展新模式［M］．北京：中国人民大学出版社，2014：74.

2.3 产业发展研究文献分析

2.3.1 国内产业发展研究文献分析

从产业结构、产业链和产业体系发展视角研究的有，夏禹农和冯文俊（1982）、周叔莲（1987）、洪银兴（1988）、周起业（1989）等对我国产业结构调整中的基础理论和调整模式等问题进行了探索；郁义鸿（2000）对多元产业结构转变与经济发展进行了研究；林兆木（2002）从处理好工业化进程中的农业、农民问题出发，认为要把握高新技术产业和传统产业、资本密集型产业和劳动密集型产业、虚拟经济和实体经济等方面关系；张军（2002）提出了“过度工业化”问题；盛昭翰（2002）把技术和产业发展的生命周期论和熊彼特的创新理论相结合，主张重视经济决策过程中的学习和继承因素；曾祥效（2003）将产业链与产业集聚联系在一起进行分析，认为产业链的不断延伸和完善是专业化产业族群从成立到成长、发展的核心；吕政（2003）认为，以信息化带动工业化、处理高新技术产业和传统产业、重视非公有制经济发展和可持续发展；林由、黄培伦、蓝海林（2005）认为在产业经济发展史上，组织结构经历了一个长期的演进过程，这一过程通常被组织理论学者归纳为三个连续的发展阶段，即从集权式结构、分权式结构，发展到扁平式结构；[①] 吴敬琏（2005）对我国工业化进程提出了不同的看法，认为不存在所谓的重化工业阶段问题，认为我国经济发展的当务之急是尽快实现产业结构优化升级；刘世锦（2005）则概括为

① 李毅．日本制造业演进的创新经济学分析——对技术创新与组织创新的一种新认识［M］．北京：中国社会科学出版社，2011：112.

“低价竞争模式”；吴敬琏（2006）将中国的增长模式仍归属于“旧型工业化道路”；王岳平（2006）提出六种模式即技术进步模式、以信息化带动工业化模式、非创新模式、资源综合利用和循环经济模式、产业集群模式、充分利用人力资源模式；张辉（2006）系统研究了全球价值链下地方产业集群的转型和升级问题；殷醒民（2006）对中国工业结构调整进行了实证分析研究；魏后凯（2006）认为只有主导产业才是国民经济发展的核心，其直接决定着国民经济的发展方向、速度、性质和规模；王军（2008）对产业组织演化的理论和实证进行了研究；崔万田（2008）认为一个地区的产业竞争力取决于这个区域对比较优势产业的选择和培育，并由此形成不同的产业结构；高煜、刘志彪（2008）基于1978~2006年数据对我国产业结构演进特征及现实问题进行了分析；李三虎（2008）认为，现代产业体系实际上是一种各种产业的高端化融合结构；徐德云（2008）从需求的心理体验规律的角度，借助边际效用的观点分析了产业需求结构的决定因素，对第一产业需要的欲望最强烈，边际效应下降速度最快，对第二产业和第三产业的初始欲望较低，下降速度较慢，在此基础上，假设经济福利最大化的条件是三次产业需求的边际效用都相等，从而得出产业需求结构演进的结论；刘伟、张辉（2008）验证了产业变迁对中国经济增长的贡献，确认了产业变化和经济增长之间的因果关系；姜涛（2008）提出了产业结构均衡化的五个标准，即各产业的产出能力趋向协调，产业的相对地位趋向协调，各产业的联系方式趋向协调，各产业的增长速度趋向协调以及各产业的空间布局趋向协调；刘霞辉等（2008）进一步就中国经济增长和结构变迁的动力机制进行了解析，包括体制改革、对外开放、劳动力资源开发、技术进步及政策支持等，并对未来持续发展路径给出了描述；刘明宇、芮明杰（2009）基于全球化背景研究了中国现代产业体系的构建模式；胡建绩、张锦（2009）基于产业发展的主导产业选择进行了研究；张培刚、张建华（2009）随着工业化过程的推进，人均收入水平提高，第一产业在总产值和劳动力就业结构中会显著下降，第二产业和第三产业的产值份额和就业构成份额都会增加。这些模型进一步揭示了产业结构变动过程中大量相互关联的情形，并能描述不同类型的国家产业结构变动过程的特征及差异性，大大深化了对产业结构变动及其一般趋势的认识；来有为（2009）则研究了制造型企业服务化的三种模式；芦彩梅（2010）研究了基于复杂系统视角的产业集群的演化；林毅夫（2011）从三个方面对结构经济学进行了思考：经济结构的要素禀赋会从发展的一个阶段上升到另一个阶段，经济发展的每一个阶段都是从低收入的农业经济到高收入的工业经济连续变化中的一个点，在每一个发展阶段市场都是资源有效分配的基础性机制；徐德云（2011）认为，产业均衡结构实现的条件是各产业的相对劳动—收入比都等于1，其经济特征是：劳动力市场和产品市场都出清，产业之间没有营业利润，收入公平，要素、产品结构供求一致，经济总量达到最大值，实现了生产和交换的帕累托最优状态；范德成、王晓辉（2011）研究了我国产业结构的动态投入产出模型分析问题；苏均和、刘飞（2011）研究了可持续与我国产业结构更新问题；芮明杰、赵小云（2012）基于价值链重构对产业发展与结构转型进行了研究；姜洪（2012）从典型与非典型发展道路的比较中诠释了中国有别于世界先行国家和地区的产业结构转型升级路径；张辉（2013）研究经济增长的产业结构效应和驱动机制时指出：在经济增长率的周期波动中，产业结构的变动主要通过两种形式表现出来，一种是各个产业的净产值占国民收入的比重的变动，另一种是各个产业净产值的增长率的波动；经济稳定增长的一个重要的前提是各个产业维持相对稳定的平衡。①

从产业转型升级研究的主要有，李铁军（1998）分析了我国各主要省市的产业结构调整和主导产业选择问题；宋锦剑（2000）从统计的角度对产业结构的演进和调整做了全面的探讨，并从产业构成、地区结构、技术结构及组织结构等方面建立了一套测度产业结构优化的指标体系；汪斌（2001）总结了国际区域产业结构调整的一般理论；谢曼（2002）利用投入产出模型，

① 李东军，张辉等．北京市产业结构优化调整路径研究［M］．北京：北京大学出版社，2013：42.

通过产业的感应度系数、影响力系数、生产诱发系数及生产的最终依赖系数来分析经济的结构比例、各产业间相互依存的程度、各产业的发展顺序以及产业的波及效果问题；魏礼群（2002）认为，正确处理工业化与信息化的关系，推进产业结构优化、科教兴国与可持续发展；江世银（2004）研究了我国区域产业结构调整与主导产业选择问题；马涛、李鹏雁、马文东（2004）确定了新型工业化条件下对区域产业结构升级进行测度所应遵循的原则，并首次筛选出七大指标群进行测度；宋国宇、刘文宗（2005）把产业结构优化看作一个动态经济系统进行研究，并建立了产业结构优化模型，在马涛等研究的基础上加入了产业就业吸纳程度指标群；靖学青（2005）用产业结构层次系数来定量测度和刻画产业结构高级化程度，并据此对长三角地区产业结构与经济增长的关系进行了实证研究；黄溶冰和胡运权（2006）从静态和动态角度构建了产业联系熵和产业运行熵的数学模型，以反映产业之间的有机联系和发展水平、描述产业结构合理化和高度化的程度，并给出了模型的解法；芮明杰（2006）提出了产业竞争力的“新钻石模型”；刘艺圣、陈燕（2006）认为，产业结构的高度化是为了提高产业结构的技术水平；宋辉和王会强（2007）将投入产出模型与层次分析及多目标规划法有机结合起来，研究主导产业部门的选择、发展和对国民经济的带动影响及优化问题；李博和胡进（2008）建立一套基于静态投入产出模型的产业结构优化升级测度方法，并利用 1997 年、2002 年和 2005 年全国投入产出表提供的数据具体测度这一时期中国产业结构的高度化水平和合理化程度，对产业结构优化升级的趋势进行分析；吴敬琏（2008）指出，在信息化推动下，经济服务化的过程中第三产业的增长率快于第二产业的增长率，因此可以用第三产业产值与第二产业产值之比作为产业结构高级化的度量；刘志彪（2010）认为未来产业转型升级有两个基本序列：一个是制造业的升级，即从劳动密集型产业升级到资本和技术密集型产业，另一个是城市化的产业升级，即从传统制造业到现代服务业的升级，这一升级序列将创造出新的就业经济——白领劳动密集型经济；付凌晖（2010）认为产业结构高度化是指随着经济不断增长，产业结构相应地发生规律性变化的过程，主要表现为三次产业比重沿着第一、第二、第三产业的顺序不断上升，然后构造产业结构高度化值形，并且与不变价 GDP 一起，进行平稳性检验、协整检验和格兰杰因果检验，得出我国经济增长明显带动产业结构升级，而产业结构升级并没有明显促进经济增长的结论；王林生、梅洪常（2011）总结了产业结构合理化评价体系，列示了技术进步率、结构效益、耗散系数、偏离系数等定量方法；此外，一些学者通过其他定量方法度量产业结构的合理化和高度化水平；干春晖、郑若谷和余典范（2011）引入泰尔指数来衡量产业结构合理化，并将第三产业产值比第二产业产值的比重作为产业结构高级化衡量的指标。①

关于长三角产业发展的研究有，刘石慧、王正卫（2003）研究认为以上海为中心，南京、杭州、宁波为次中心的产业整合格局在当时长三角经济空间组织的演化是合理的；陈修颖（2004）运用空间相互作用理论，指出长江经济带的产业空间结构的形成与优化是在互补性、通达性及介入机会三大要素的长期共同作用下完成的，并提出优化长江经济带空间结构的措施；周朝（2005）对长三角产业结构趋同问题进行了分析；钱惠峰（2007）指出长三角处于产业链高端的深加工的产业比重小，而处于产业链低端的产业所占比重比较大，没有很好地形成区域间产业协同合作，对新型工业化进程中的长三角产业结构进行了再认识；程开明（2007）对长三角城市体系的首位度、位序—规模法则及二倍数规律进行实证分析，表明长三角城市体系呈现明显的首位型分布，这对于政府引导区域城市体系合理布局、实现优化演进具有重要启示；赵红岩（2009）基于全球价值链分析了长三角嵌链式的升级模式；刘志彪（2009）借鉴引力模型思想，修正后计算出长三角城市群 16 个中心城市间的经济练习值，采用社会网络分析方法对长三角城市群的经济结构进行分析，提出了促进长三角区域经济一体化的策略。②

---

① 邹昭晞. 北京市产业升级与协调发展研究［M］. 北京：经济管理出版社，2014：8-9.

② 杨上广. 长三角经济空间组织的演化［M］. 上海：上海人民出版社，2011：17-20.

2.3.2 国外产业体系发展研究文献分析

国外的相关研究主要有，里昂惕夫（Wassily W. Leontief）利用投入产出表分析了美国的经济结构，刘易斯（Lewis）研究了二元经济下的产业结构调整问题，赫尔希曼（Hirschman）研究了不平衡发展中的产业结构；发展经济学在古典政治经济学和新增长理论阶段强调非经济因素的内生分析，新古典增长理论与经济发展理论相融合，形成新增长理论，在可持续发展理论阶段，着手构建一个社会、经济与生态综合发展理论研究的框架，可持续发展理论的代表人物有梅多斯（Meadows）、安德森（Anderson）等；演化经济的萌芽可追溯到马歇尔，而熊彼特首次提出了经济演化的思想，凡勃伦第一个将演化经济学作为专业术语使用，里昂惕夫、库兹涅茨、霍夫曼和丁伯根分别沿着主流经济学经济增长理论研究思路，分析了经济增长中的产业结构问题。钱纳里和泰勒（H. Chenery and L-Taylor，1968）又将工业分为早期工业、中期工业和晚期工业三类。纳尔逊和温特（1982）的《经济变迁的演化理论》标志着演化经济增长理论的诞生，演化经济学是研究经济现象和行为演变规律的学科，区域经济发展的演化理论是采用演化经济学的思想和方法动态地研究区域发展中的理论问题和现实问题；Jovanovic（1982）、Ericson 和 Pakes（1995）以及 Pakes（2000）分析了产业演化过程中进入、扩张、收缩和退出导致的动态市场结构的特征变化，关注产业演化是否收敛于均衡，从博弈均衡的选择解释产业演化形成的动态市场结构特征变化，这些理论模型都把企业之间的异质性和市场对异质性的选择作为产业演化的主要过程特征。

Hudson（1995）用演化理论中的消极锁定理论解释老工业区面临产业调整问题；Boschma 和 Lambooy（1999）指出了演化经济学应用到区域经济发展的研究中，在区域经济发展过程中可能面临的消极锁定和调节方面可以发挥作用；Machiel van Dijk 和 Order Nomalor（2000）从需求的角度解释了产业动力学，在假定消费者偏好多样性和相关技术兼容性不同的前提下探讨新技术应用的时间和频率是如何影响产业动力的，验证新技术应用模式和产业中企业数量的关系；[①] 克鲁格曼在最初的新经济地理学模型（CP 模型）中选择了市场规模效应（关联效应）作为促进产业集聚的集聚力，而把要素非流动性作为阻碍产业集聚的分散力（Krugman，1998）；Baldwin 等（2003）指出，产业区位结构的形成取决于集聚力和分散力的相互作用。[②] Lydia Greunz（2004）研究了产业结构明显促进了产业创新；Elisa 和 Ann（2007）研究了区域产业结构与就业结构的相关性。另外一些学者强调从创新动态过程和企业动态学习能力角度研究产业演化动态过程，解析产业演化中市场结构特征的变化过程。结构主义者肯定了结构转换对经济发展的重要意义，指出只有显著的结构变化才能带来显著的规模效应。[③] 产业转移促进产业结构升级不断受学术研究和实践方面的重视，提出了相关理论，包括日本经济学家赤松要提出的雁形模式理论、美国经济学家弗农提出的产品生命周期理论、日本学者小岛清的边际产业转移扩张理论、刘易斯的劳动密集型产业转移理论、梯度转移理论等。

2.3.3 研究文献分析小结

综上所述，国内的研究重点主要是探讨区域产业转型的调整因素、模式和主导产业选择等，而国外的研究重点主要集中在产业结构与经济发展、就业等相互关系上。在新工业革命背景下对长三角产业转型升级的研究非常少，缺乏对长三角产业转型升级的发展规律、影响要素、构建模式、路径选择、推进战略与政策建议等方面的研究，因此有待于对该问题进行深入研究。

---

① 胡斌，李旭芳．复杂多变环境下企业生态系统的动态演化及运作研究［M］．上海：同济大学出版社，2013：9.

② 邓炜．区域经济一体化的产业区位效应分析［M］．北京：知识产权出版社，2012：44-45.

③ 王爱君．发展经济学流派与方法比较［M］．湖北：武汉大学出版社，2012：65.

3　产业发展规律、趋势和驱动机理

3.1　产业发展一般规律

3.1.1　产业发展演进具有递进和可塑性

产业体系发展由低级向高级发展递进顺序进行，各产业阶段的发展时长具有“可塑性”，相应产业阶段可以发展得快些或慢些，但一般不可跨越。经济发展证明，第一产业推动第二产业的发展，而第二产业在第一产业发展的基础上，又推动着第三产业的发展。产业结构的超前发展会加速一国经济的发展，但会带来一些后遗症，如虚高度化等。前一阶段的产业发展推动着后一阶段的产业发展，三次产业最后融合协同演进。[①]

3.1.2　产业发展演进的影响变量多维

在封闭条件下，决定产业体系发展演进的主要变量是内部因素和政府各

① 张冬梅，汪彤．产业经济学［M］．北京：社会科学文献出版社，2013：136.

种产业政策、经济政策，以及在市场机制作用下的需求结构和供给结构及其相互作用。而在开放条件下，外部因素（如国际贸易、国际投资、国际经济关系和国际金融等）是产业体系发展演进函数的重要变量，而且开放度越高，外部因素的影响权重就越大，这就使得产业结构演进呈现出复杂的多样性。一个国家特别是发展中国家只要实行对外开放，其产业结构必然会发生很大的调整与变化，但这种变化并不一定导致产业结构升级；有些发展中国家通过对外开放，有力地推动了产业升级与技术进步的进程，有一些发展中国家尽管对外开放的时间很长，但其产业结构没有改善。造成这种差异的主要原因是，这些发展中国家缺乏产业升级的内在动力，单纯依赖初级原始的资源禀赋无法将比较优势转化为竞争优势；[①] 主观影响因素主要是国家或地区制定的产业发展战略和要素禀赋获得和有效利用的推进。

3.1.3 主导产业转换具有顺序逻辑

经济发展在以农业为主导阶段、轻纺工业为主导阶段、原料和燃料动力等基础工业为重心的阶段、低度加工型工业为主导的阶段、高度加工组装型工业为主导的阶段、第三产业为主导的阶段、信息产业为主导的阶段等，三次产业的比重都各有不同，主导产业推动着整个经济和产业的发展，第一产业为主导到第二产业为主导，再到第三产业为主导的总方向发展的，并遵循由低级向高级循序走向产业发展现代化。主导产业对技术进步和产业结构升级转换具有关键性的导向和推动作用，对经济增长具有带动性和扩散性。产业体系发展是沿着主导产业的转换轨迹和顺序进行的。[②] 具体来看，主要体现在三个转移上，即三大产业重心的转移（第一产业—第二产业—第三产

① Matta, Massimo. Competition Policy: Theory and Practice ［M］. Cambridge University Press, 2004: 15-18.

② 黎鹏 . 产业协调与产业功能区研究［M］. 北京：人民出版社，2011：138.

业)、要素密集度的转移(劳动密集型—资本密集型—技术密集型)[①] 和产品形态的转移(初级产品—中间产品—最终产品)。

产业结构演变是一个有序的、高级化的过程，也就是新旧产业优势地位不断更替的过程。新旧产业更替和转换序列主要有：从生产要素的密集度上看，存在着由劳动密集型向资金密集型、向资金技术密集型，再向知识技术密集型演变的顺序(见图 3-1)[②]。从采纳新技术革命成果的能力上看，存在着由传统产业向新兴产业，再向新兴与传统相结合产业转换的顺序；从产业的价值变动看，存在着由低附加价值向高附加价值，再向更高附加价值演变的顺序。产业一般都经历兴起—扩张—减速—收缩的过程。经历发展产业—成长产业—成熟产业—衰退连续发展的过程：原有的产业增长缓慢，被新的高增长的产业取代；在发展进程中，潜在的高增长产业代替原来高增长的产业。产业间优势地位的更迭，形成了产业结构的有序转换和高级化。在产业结构中，处于主要的支配地位，比重较大，综合效益较高，与其他产业关联效应和产业知识溢出效应强的产业，对国民经济的驱动作用较大，是主

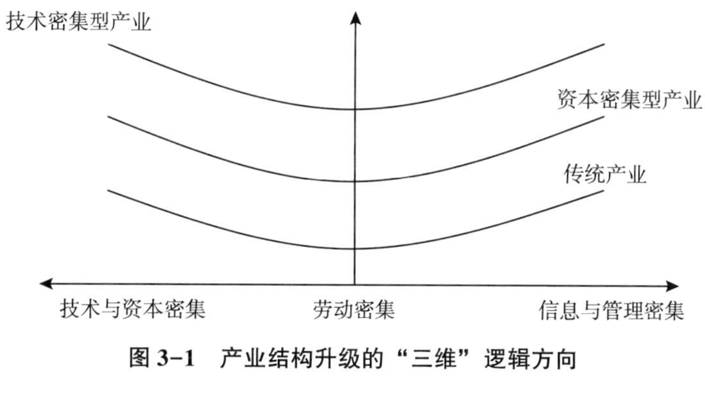

图 3-1 产业结构升级的“三维”逻辑方向

① 程惠芳，唐辉亮，陈超．开放条件下中国经济转型升级动态能力报告［M］. 北京：科学出版社，2012：8.

② 商务部、国务院发展研究中心联合课题组．跨国产业转移与产业结构升级——基于全球产业价值链的分析［M］. 北京：中国商务出版社，2007：77.

导产业。在产业的生命周期中，主导产业处于成长期，处于成熟期的是支柱产业，处于初创期的是先导产业。从短期看，产业发展是指某一特定产业的总量增长和质量提升过程；从长期看，产业发展过程就是产业兴衰过程，这一过程遵循产业生命周期。

3.2 产业发展趋势

3.2.1 产业发展一般趋势

产业结构的演进是一个从低级向高级发展的动态过程。沿着第一、第二、第三产业优势地位顺向递进的方向演进，沿着低附加价值产业向高附加价值产业方向演进，沿着低加工度产业占优势地位向高加工度产业占优势地位方向演进。演进过程中，伴随着产业结构的协调化和高效化。

3.2.1.1 产业结构高度化

产业结构高度化是指产业结构由低水平状态向高水平状态发展的过程。[①] 郭克莎（1990）从产值结构、技术结构、资产结构和劳动力结构等“高度化”相互联系、相互制约方面，对产业结构高度化进行了概括。产业结构高度化是一个相对的概念，它是产业结构在需求、科技推动等因素的作用下，在一定的经济阶段，针对现有的社会生产力水平，尤其是科学技术发展水平而言的。在工业化过程中，产业结构的高度化经历了三个阶段：产业结构的重工业化阶段、高加工度化阶段和知识技术高度密集化阶段。在

① 张建华等．基于新型工业化道路的工业结构优化升级研究［M］．北京：中国社会科学出版社，2012.

第三阶段各产业部门越来越多地采用高级技术，以知识、技术密集为特征的尖端工业广泛兴起和发展，国民经济的发展和产业结构的成长摆脱资本积累的局限性，开始突破工业社会的框架，实现向后工业社会的产业结构转变。杨公朴、干春晖（2005）提出产业结构高级化包括三个方面：产业结构依次由第一产业为重心向第二产业为重心，进而向第三产业为重心演化；产业结构由劳动密集型向资本密集型进而向技术密集型演变，从高消耗、高污染产业占优势向低消耗、低污染产业占优势演进，结果表现为产业的高附加值化、高技术化、高加工度化、高洁净以及各个产业、企业技术、行业、工艺的高级化。产业结构高度化属于产业结构的质变，其标志是高加工度化、高附加值化、技术集约化、知识化、服务化和互联网融合化。产业结构高度化演进正在加速，趋势为信息产业成为主导产业，发达国家信息产业占 GDP 的比重达 40%~60%，新兴国家为 20%~40%；高新技术产业持续快速发展，随着技术进步和知识创新，主导产业的更替过程大大加快，其重心正转向以互联网、电子计算机、新材料、生物技术、智慧机器人和智能制造为代表的高新技术主导产业；传统产业高新化，通过高新技术的广泛渗透和应用，促进生产方式的变革和产品技术含量的提高，信息网络技术对传统产业的改造和产品结构的升级推动了传统产业高新化。

3.2.1.2 产业结构高效化

产业结构高效化是指生产资源在各产业间的配置效率提升的过程。产业结构高效化也是一个动态的过程，因为，随着技术进步和其他要素禀赋的变化，资源在行业间配置的最优均衡是动态变化的。在技术水平和要素禀赋比较稳定的短期内，生产资源在市场力量的作用下在行业间流动，不断优化配置，提升产业结构的高效化水平。产业结构高效化是产业部门生产率（单要素生产率和全要素生产率）不断提升的过程。在产业结构高效化过程中，生产资源在产业间优化配置程度提高，单要素生产率较高的部门吸收更多的生产要素，单要素生产率较低的部门则会流失生产要素，使得产业部门整体单要素生产率提升。而产业结构高效化过程又不仅局限于生产资源在行业间分配数量比例的优化，还包括产业间和产业内生产资源关联程度的优化，这将使得整个产业部门及其下属产业的全要素生产率得以提升。

3.2.1.3 产业结构协调化

产业结构协调化主要表现为：产业间相对地位的协调性，从一国或地区的产业序列来看，纵向产业序列可以有三个层次：基础产业、支柱产业、先导产业，每一层次的产业也有重点与非重点、支配与从属、主导与辅助之分。产业间的各层次相互支持、相互协调，有明确的主次、轻重关系。产业间关联的协调性表现在：一是产业互助性，即在投入产出联系的基础上提供相互帮助、相互支持；二是产业互促性，即一个产业的发展对其他产业的发展有所促进，而不能以削弱或限制其他产业发展为代价。加强产业间关联的协调性，就要最大限度地减少产业结构不协调的损失，通过调整资源增量和存量，解决产业间生产能力不匹配的状态。产业结构变动阶段交替的具有协调性，在一般情况下，这种阶段交替是不容许有所超越的，但可以加快各阶段的发展速度。在某些特殊情况下，也可以实现对某一阶段的超越，但在实现超越的过程中不能出现结构逆转。产业素质的协调性体现在相关产业之间不存在技术断层和劳动生产率的强烈反差，否则，产业间就会产生较大的摩擦，造成产业间的不协调。一般来看，如果各产业的比较劳动生产率数值分布较为集中，且有一定的层次性，则说明产业素质是协调的；如果各产业的技术进步指数较为一致，则说明各产业之间不存在技术断层，产业间的技术衔接合理，产业素质是协调的。反之，如果各产业的比较劳动生产率分布离散且无序，技术进步指数相差较大，则说明产业间的结构不协调。

3.2.2 产业体系发展的新趋势

3.2.2.1 新趋势之一：产业结构软化

产业结构软化（the Softening of Industrial Structure）[①] 是现代产业体系的发展新趋势。有两层含义：一是在产业结构的演进过程中，软产业（主要是第三产业）的比重不断上升，出现了所谓的经济服务化趋势；二是随着工业结构的高加工度化过程和高技术化过程的推进，整个产业结构对管理、技术和知识等软要素的依赖大大加强。[②]

（1）产业结构"高技术"服务化。第三产业内部服务业的不断扩大，同时还表现为第一、第二产业内部服务量的不断扩大。制造业内部的软化和服务化促进了第三产业的发展，而第三产业的扩张又使第二产业进一步趋向软化和服务化。各产业就是在这种相互联系中相互促进，使经济日益趋向软化和服务化。产业发展过程中，高加工度化和技术集约化推进，对互联网、信息技术等软要素的依赖不断加深。用高新技术改造传统产业，用信息技术改造传统服务业，培育自主技术创新能力，将工业化与信息化、知识化有机结合起来，发展新型工业化。产业具有"服务密集"特征，任何服务产品的生产都会融入越来越多的服务作为中间投入要素，无论什么产业将逐渐转向服务化。

（2）产业结构融合化。[③] 随着新工业革命的不断推进，技术因素对各产业发展的影响作用越来越显著，出现产业融合趋势。产业融合使得原本分立

---

① 产业结构软化是指在社会生产和再生产过程中，体力劳动和物质资源的消耗相对减少，脑力劳动和知识的消耗增长，与此相适应，劳动和资本密集型产业的主导地位日益被知识和技术密集型产业所取代。

② 芮明杰．产业经济学［M］．上海：上海财经大学出版社，2012：177.

③ 产业融合是指不同产业或同一产业内的不同行业，通过相互渗透、相互交叉，最终融为一体，逐步形成新产业的动态发展过程。产业结构融合化是指由于技术进步和不同领域的相互渗透，发生在产业边界和交叉处的技术融合，改变了原有产业产品的特征和市场需求，导致产业的企业之间竞争合作关系发生改变，从而导致产业界限的模糊化甚至需要重划产业界限。

的产业价值链部分或者全部实现融合。融合性是现代产业体系的结构特征，也是现代产业发展的趋势；当今产业融合是产业发展趋势，以互联网信息技术为核心，正成为制造业结构不断由低级向高级演化的重要途径。[①] 产业间的融合互动将会程度更深，层次更高，范围更广。其主要动因就在于可以相互利用对方的资源，其实质是产业链价值系统的设计与再设计的过程。通过产业融合，传统产业能够融合高技术产业的技术，不断创新业务模式，实现价值链上下游的垂直合作和行业间的横向整合，从而带动了产业的加速成长。新的价值链节点处融合了两个或多个产业的价值，与原产业相比，融合产业不仅具有更高的附加值与更大的利润空间；产业融合将会在企业经营成本方面发生融合经济效应，即企业的平均成本会随着产业及企业融合程度的增加而不断减少（见图 3-2）。[②] 产业融合是产业结构演进的推动力之一，将促成产业结构的高度化、合理化，并构架出融合型的现代产业体系。

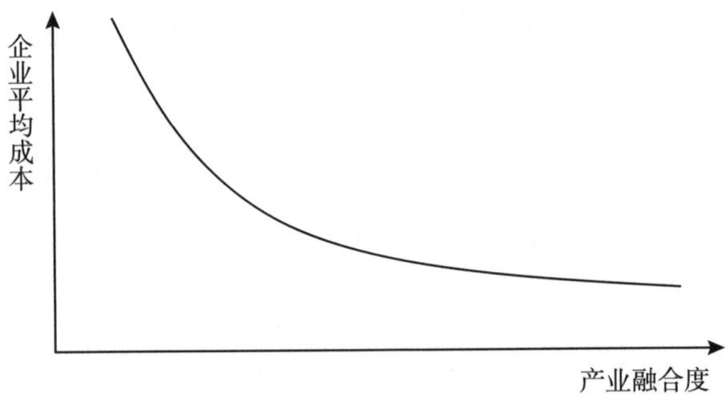

图 3-2　产业融合度与企业平均成本的关系

聂子龙、李浩（2003）提出产业融合有四种主要形式：高新技术的渗透融合、产业间的延伸融合、产业内部的重组融合、全新产业取代传统旧产

① 厉无畏，王振．中国产业发展前沿问题［M］．上海：上海人民出版社，2003：202-203.

② 赵玉林．主导性高技术产业成长机制论［M］．北京：科学出版社，2012：258.

业进行融合。陈柳钦（2007）分析了产业融合的演进方式，认为产业融合能够促进传统产业的高附加值化，促进传统产业推出新品种和新的产业，促进产业间的延伸融合特别是高科技产业的产业链的延伸，并促进产业内部的各行业或产业链的上下游的重组融合。产业融合的过程也是产业结构升级的过程。生产性服务业作为一种新兴产业，是制造业与服务业产业融合的结果。新工业革命催生战略性新兴产业的发展，而战略性新兴产业是以制造业为基础，以第二产业与第三产业深度融合为显著特征。① 新工业革命的到来将进一步加深第二、第三产业融合发展的趋势。信息技术向工业、服务业全面嵌入，以及制造技术的颠覆性创新将打破传统的产品生产流程，制造业和服务业不仅在产业链上纵向融合，产业链本身也将重组，产品从设计、生产到销售的各个环节都需要实现第二、第三产业的深入融合。同时，第二、第三产业在地域上将呈现聚集的趋势，过去分别由第二、第三产业形成的产业集群也将重组，第二、第三产业融合发展的产业集群将成为主要发展方向。

产业融合使得产业边界变得模糊化，产业分立、协同发展，融合不断催生出新的产业业态。通过产业渗透、产业交叉、产业重组等融合方式，实现产业之间的融合成长；促进了产业价值创造增值，提升了产业的竞争力，产生产业和经济增长效应（见图 3-3）。②

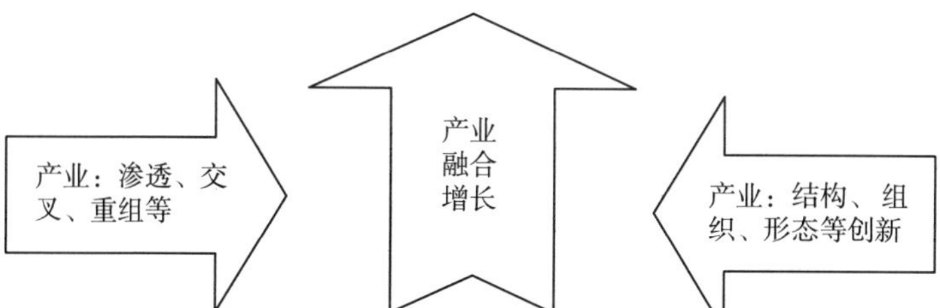

图 3-3 产业融合发展增长逻辑

① 邹昭晞．北京市产业升级与协调发展研究［M］．北京：经济管理出版社，2014：10.

② 赵玉林．主导性高技术产业成长机制论［M］．北京：科学出版社，2012：268-269.

（3）产业结构生态化。低污染可持续是现代产业体系可持续性发展的必然要求，未来技术将由互联网信息技术、生物技术、生态技等知识要素构成，它们将形成信息技术、生态技术与生物技术乃至整个知识经济乃至全球经济一体化协调发展的格局。生态经济及其带动的相关产业类型，将构成的绿色新经济，一方面表现为“经济的生态化”；另一方面表现为“生态的经济化”；[①] 即生态环境因素向国民经济各个领域的渗透与融合，将催生崭新的产业形态和经济模式，从而带动传统产业的升级发展。

3.2.2.2　新趋势之二：嵌入价值链转型升级

20 世纪 90 年代以来，产业发展中的产业升级概念被引入全球价值链（Global Value Chain，CVC）理论，认为价值链升级过程应该包括外部采购和产业分离，[②] 产业升级的中心可以包括价值环节内在属性和外在组合两个方面的变动，这两个方面都连接在同一链条中或不同链条的相互关联中。研究表明，处在“微笑曲线”两端的产业环节，获取的附加价值和利润都比较高，而处在中间的产业环节，只能赚取很少的加工组装费用（吴敬琏，2004）。微笑曲线如图 3-4 所示。[③]

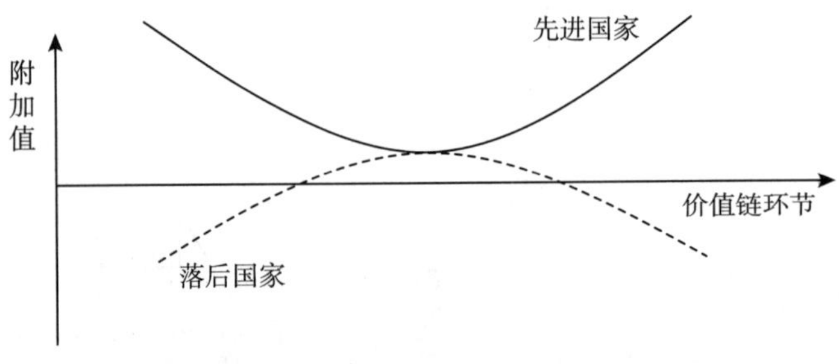

图 3-4　价值链视角的微笑曲线

① OECD. Interim Report of the Green Growth Strategy [R]. Meeting of the OECD Council at Ministerial Level, 2010: 27-28.

② 李伟. 不完全竞争中的技术追赶与产业升级——后发国家产业演化研究 [M]. 上海: 上海财经大学出版社, 2011: 64.

③ 魏杰. 中国经济转型 [M]. 北京: 中国发展出版社, 2011: 103.

在全球价值链下，一国（地区）的产业被视作全球价值链的一部分，产业升级可以看成该国（地区）的企业以及产业整体在价值链上或者不同价值链间的攀越过程，其意义不仅是产业结构变迁，更重要的是增加价值获取。[①] Kaplinsky 和 Morris（2001）通过对发达国家和发展中国家实践的观察分析，归纳出在全球价值链（Global Value Chains，GVC）条件下，为发达国家代工或外包的发展中国家本土企业或企业网络的四种序贯式升级模式，其形式主要有四种，即工艺流程升级（Process Upgrading）、产品升级（Product Upgrading）、功能升级（Functional Upgrading）和（价值链）链条升级（Chain Upgrading），各升级模式的实践形式如表 3-1 所示（Humphrey Schmitz，2000）。对于从价值链的低端环节进入全球价值链的企业来说，产业升级一般都遵循从工艺流程升级到产品升级，再到功能升级，最后到链条升级的顺序（Gereffin，1999）。刘志彪、张杰（2007）认为，发达国家和发展中国家在 GVC 的现实背景下建立了全球的生产价值链的联系，由于资源禀赋的差异，发展中国家往往会被“俘获”，在发达国家的主导下并不能完全按照“工艺流程升级—产品升级—功能升级—（价值链）链条升级”的阶梯型路径，只能停留在工艺升级—产品升级的低端环节，难以实现产品升级—功能升级—（价值链）链条升级的高端升级环节。[②]

表 3-1 全球价值链升级模式的实现形式[③]

升级模式	实现形式	发展模式
工艺流程升级	通过更新生产系统或引进先进技术，提高价值链中生产效率，提高生产流程的附加值。对现有的生产水平进行改善，如成本降低、次品率的降低等多种措施，在现有的生产状态下通过总成本的降低达到收益的增加	委托组装（OEA） 委托加工（OEM）

① Gereffi G., Humphrey J., Sturgeon T. The Governance of Global Value Chains [J]. Review of International Political Economy, 2005, 12 (1): 80-86.

② 孙建波. 中国转型观察 [M]. 浙江：浙江工商大学出版社，2013：94-95.

③ 芮明杰，王子军. 产业发展与结构转型研究：后金融危机时代上海先进制造业发展战略与政策 [M]. 上海：上海财经大学出版社，2012：8.

续表

升级模式	实现形式	发展模式
产品升级	通过引进新产品或改进已有产品，比竞争对手更有效率，转向更先进的生产线；主要措施是对原有的产品进行改进，如产品质量、产品包装等方面，使得消费者对该产品的偏好效应增加；或是在现有产品的基础上开发系列产品，以不断增加的产品品种，锁定消费者的需求，扩大产品的市场空间，使企业利润增加	自主设计和加工（ODM）
功能升级	重新组合价值链中的环节，以提高附加值。获得新的功能或放弃已有的功能，增加经济活动的技术含量。可通过生产能力的改良，对原有产品的功能进行改进，使得原有产品在品质上有一个较大的改进，突破原有市场的限制，横向扩大产品的市场范围，从生产环节向设计环节和营销等利润丰厚的环节跨越，改变企业在价值链中所处的位置	自主品牌生产（OBM）
（价值链）链条升级	移向新的企业价值链，移向新的产业。在这种模式下则要实现向价值链的上下游进行转移，或是在原有市场格局的基础上使已获得市场份额得到较大的附加值，或是基于自身的研发创新和营销模式创新拓展价值链，在新的价值链上占据有利位置，获得最优化的附加值	（价值链）链条转换
非实体性趋势：随着附加价值不断提升，经济活动非实体性或产业“空心化”程度也不断提升		

资料来源：综合 J. Humphrey and H. Schmitz, Covernance and Upgrading: Linking Industrial Cluster and Global Value Chain [R]. IDS Working Paper 120, Brilhton, 2000 等资料。

在日益加速的经济全球化大背景下，一国产业结构已经逐步融入以国际分工合作为主线的国际产业结构体系，其产业结构调整已不是传统意义上产业结构调整的延伸，而要以构建开放型的经济体系为导向，形成与开放经济相适应的资源配置方式。整个产业结构重组以参与国际经济循环为立足点，以提高国际竞争力为中心，使产业结构适应国内、国际的市场需求结构及其变化，才能达到产业结构演进、升级的良性循环。[①] 蒋永志（2005）认为，偏轻工业化地区产业升级的路径不应该跳过重工业化阶

① http://baike.baidu.com/view/1325647.htm.

段，直接发展高附加价值的知识技术密集型产业，如电子、信息、生物工程等。具体产业的升级路径应该考察全球价值链的驱动机制，如果是生产者驱动的全球价值链条，那么产业升级以增强核心技术能力为中心；参与采购者驱动的全球链的产业，更应强调“销售渠道”等方面的拓展（张辉，2006）。

3.2.2.3 新趋势之三：产业链的优化升级

产业升级的路线包括产业内升级和产业间升级。前者是从工艺升级到产品升级，到功能升级，再到跨产业升级的线性升级路线；这种功能升级的主要障碍在于购买者势力和能力约束。产业间升级则主要依靠新产品、新产业的引入，实现产业升级。产业间升级的主要阻碍在于信息不足，因为在新产品生产出来之前，这种信息并不存在。发展中国家可以通过模仿发达国家的产业发展获得这种信息。一个国家的产业升级路径由其比较优势演化路径所决定，但是产业升级的路径也不一定是线性的，也可能出现分岔和断档。我国应通过调整空间布局、合理的政策组合，延长比较优势的生命周期，减少比较优势突变的幅度（张其仔，2008）。我国经济发展的梯度格局决定了产业升级必须选择差异化的路径。

（1）产业链的接通和延伸。接通产业链是指借助产业合作形式协同链接一定地域空间范围内的产业链的“断环”和“孤环”，即产业链条不连续（产业链条出现中断：产业链条上下游距离过大，缺乏若干必要的产业环节；产业链条比例失调，即上下游产业供求出现不配套情况，限制下游产业间的配合）。区域产业链条则将产业链的研究深入区域产业系统内部，分析各产业部门之间的链条式关联关系，探讨城乡之间、区域之间产业的分工合作、互补互动、协调运行等问题。对于特定的区域来说，产业链条要适中合理，如果产业链条过长，可能会过“细”而产生“断链”。

（2）产业链整合。产业链整合是以节点企业为主体，以核心企业为主导，根据产业链内生逻辑，以产业成员为整合对象，通过横向整合[①]、纵向整合[②]或混合整合[③]，实现资源优化配置的过程。[④]产业链整合的最终目的就是要使本条产业链所处的产业在竞争中处于比较优势，获得持续的竞争力。[⑤] 产业链环节的横向整合宽度越宽，则产业链的规模就越大，对产业链发展的影响就越大；横向产业链整合通过对企业能力的整合，提高企业的核心竞争力，同时通过兼并、收购、重组等扩大产业规模，提高企业规模优势，提高市场占有份额，避免行业内的无序竞争。产业链的纵向整合是产业链整合的深度，纵向整合产业链越长，产业链的资源加工深度和价值增值就越多；纵向产业链整合通过确定产业链各环节创造价值的大小及其重要性，识别产业链的关键环节和主导环节，占据产业链发展的优势地位，实现对整个产业链资源的控制和优化。

（3）产业链条的升级。从产业的价值视角来看，产业链是一条价值增值链，不同的产业链所创造的增加值有所不同，实际上即使在同一产业链中，不同的链环所创造的附加值也不同；产业链条升级是从一个产业链条转换升级到另一个产业链条。占据产业链高端环节，产品的附加值就高。占据产业链的高端环节，是一国或地区实现产业升级的重要途径。攀升同一条产业链中的高端环节，是企业在产业链内部的升级，产业链的功能升级和产业链的链条升级能够改变企业在全球或区域产业链中的控制力；当前，企业竞争已经演变成一个产业链与另一个产业链之间的竞争。

① 横向整合是指产业链条中某一环节上多个企业的合并与重组。

② 纵向整合是指处在产业链中，上游、中游、下游环节的企业合并与重组，包括前纵向整合和后纵向整合。

③ 混合整合则包括横向整合和纵向整合。

④ 史自力等．中国区域产业优化升级的动力机制［M］．北京：社会科学文献出版社，2012：21.

⑤ 戚晓曜．中国现代产业体系的构建研究［M］．北京：中国经济出版社，2011：113-117.

3.3 产业转型升级驱动机理

3.3.1 技术进步驱动

技术进步是产业结构演化的根本动力，也是产业体系转型升级的主要路径。[①] 技术进步使产品成本下降、资源消耗弹性下降、消费品升级换代，影响需求结构；技术进步促使一些新产业形成和发展，同时加速老产业的衰退过程；随着新老产业的交替，产业分工深入、推动产业结构和产业体系的升级和演进。经济增长的主要动因是，一方面是要素投入的增长，包括就业的增加，物质资本存量增加等；另一方面是生产要素使用效率的提高，即经济学中所指的技术进步。由于报酬递减的作用，靠投入驱动的增长必然是不可持续的，而技术进步却可以带来全要素生产率的持续增长，技术进步是实现经济长期、持续增长的动力。诺贝尔经济学奖获得者、美国麻省理工学院教授罗伯特·索洛（Robert M. Solow）（1957）根据研究，在《Technical Change and the Aggregate Production Function》一文中指出，在美国长期人均收入的增长中，技术进步起到了80%的作用，投资增加只解释了余下的20%。[②] 他指出，从长远看，经济增长的决定因素不是资本积累和劳动力的增加，而是技术进步。[③] 另外，产业投资通过技术进步与产品创新影响各产业产品的需求，通过需求作用于产业结构的变化方向；通过对产业投资的调整，来实现

① 罗守贵，李文强．都市圈内部城市间的互动与产业发展——以上海为例［M］．上海：格致出版社，上海人民出版社，2012：46.

② 薛领，翁瑾等．转型升级与区域服务业发展：理论、规划和案例［M］．北京：北京大学出版社，2013：181.

③ 赵玉林．主导性高技术产业成长机制论［M］．北京：科学出版社，2012：63.

对产业体系的转型升级。①

同时，技术进步是经济发展方式转变过程中的决定性因素，在经济增长的要素投入结构上关键要看科技进步在其中的贡献率大小。② 一项新技术或者新产品的发明和完善在大规模进入市场之前，都经过很长时间的研发，从其迅速且大规模地应用于其他领域到衰退大约要经历 50 年，19 世纪以来几次革命性的技术变革都具有这个特征（见表 3-2）。基于历史经验可以判断：世界技术—产业的趋势状态：发端于 20 世纪八九十年代的信息和通信技术革命正在快速地向其他领域扩展，按 50 年生命周期计算，这表明信息技术革命仍处于对其他产业影响的黄金阶段，可能还要发挥 20~30 年的主导作用，甚至更长。③

表 3-2 技术—产业的演进

周期	时间长度	技术特征	主要先导产业	关键供给部门	技术领先国家
1770~1780 年至 1830~1840 年	60 年	早期机械化	纺织、织物化学、纺织机械、铁加工等	棉花、生铁	英国、法国、比利时
1830~1840 年至 1880~1890 年	50 年	蒸汽动力和铁路	蒸汽发动机、蒸汽机轮船、机床等	煤、运输	英国、法国、比利时
1880~1990 年至 1930~1940 年	50 年	电和大型工程	电力工程、电动机械、电缆和电线等	钢	德国、美国、英国
1930~1940 年至 1980~1990 年	50 年	汽车大批量生产	汽车、卡车、拖拉机、坦克、飞机等	能源（主要是石油）	美国、德国、其他欧共体国家
1980~1990 年至今	—	信息和通信	计算机、电子生产资料产品、软件等	芯片（微电子器件）	美国、日本、德国

资料来源：［英］克利斯·弗里曼（Chris Freeman），［英］罗克·苏特（Luc Soete）. 工业创新经济学［M］. 华宏勋，华宏慈等译 . 北京：北京大学出版社，2004. 转引自张建华 . 美国复兴制造业对中国贸易的影响［M］. 上海：上海人民出版社，2014：67.

① 范德成，王晓辉 . 中国产业结构的动态投入产出模型分析［M］. 北京：科学出版社，2011：34-35.

② 张明龙等 . 产业升级与创新——以浙江为例［M］. 北京：企业管理出版社，2013：75-77.

③ 张建华 . 美国复兴制造业对中国贸易的影响［M］. 上海：上海人民出版社，2014：67.

产业结构表现为企业的技术结构，技术结构的进步与变动会引起产业结构的变动，一旦技术发生变革，产业结构将会发生相适应的改变。Abernathy 认为当一个产业达到生命周期的饱和水平时，将会出现增长终止现象，这一现象出现的根源在于缺少技术创新，他把这种现象称为“技术僵局”(Stalemate in Technology)。他们认为产生这种差别是由技术创新活动的集中程度、创新行为的不对称性和创新者位势的稳定性所决定的。[①] 新技术革命对产业结构升级产生了重大影响，为知识经济的兴起和发展提供了技术基础。产业体系中“不稳定因素”（涨落），是高技术产业系统演化的内部诱因，系统的有序演化是通过涨落来实现的；技术创新是使系统失去旧的稳定性而向更高的稳定有序结构跃变的“不稳定因素”。正如熊彼特所说：“任何创新必须是对旧结构的破坏过程。”（见图 3-5）[②]

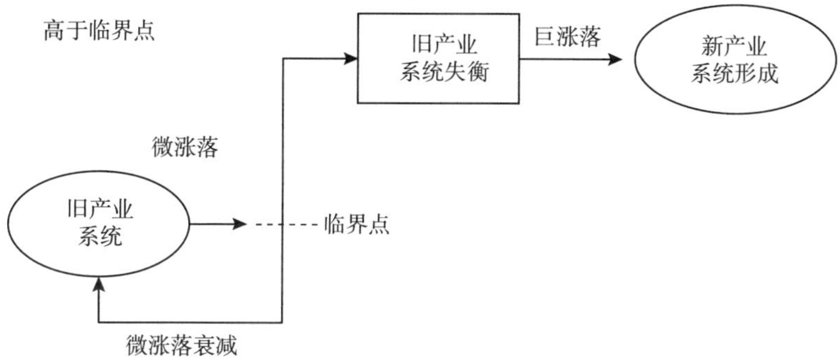

图 3-5 新技术产业系统的演化

3.3.2 创新驱动

演化论认为，结构变迁是由（技术等）创新和模仿所导致的企业不断

① 张万强，李世杰．打造世界级装备制造业基地——战略定位发展路径［M］．北京：中国经济出版社，2011：4.

② 魏芳．高技术产业组织研究［M］．北京：科学出版社，2012：36.

进入和退出的过程。熊彼特指出，创新与产业演化是相互作用、互为反馈的，产业环境影响创新的形成，创新的产生和扩散促进产业的演化。[①] 美国的阿伯纳西（N. Abernathy）和厄特巴克（J. M. Utterback）提出了（1975）A-U 模型，分析创新与产业演化之间的内在逻辑。他们将企业的创新分为产品创新和过程创新，以产品生命周期理论为基础，通过分析许多行业和创新案例发现产品创新、工艺创新与产业组织三者之间既遵循着不同的发展规律，其动态发展影响着产业的演化；并通过引入主导设计概念，以产品创新为中心，提出了产业 A-U 创新动态过程模型（见图 3-6）。传统的 A-U 模型揭示了技术创新和产业发展之间的内在关系，认为产业创新类型、创新程度和创新特征取决于产业的成长阶段。但该模型却没有考虑市场创新，并不能反映一个完整产品生命周期的技术轨道上的创新等因素，并且传统的 A-U 模型对产业演化过程做出的解释在有些产业和国家没有体现出来。因此后来的学者在传统的 A-U 模型的基础上结合产业发展的事实，对传统的 A-U 模型进行修正和补充，提出了一系列改进的 A-U 模型。[②]

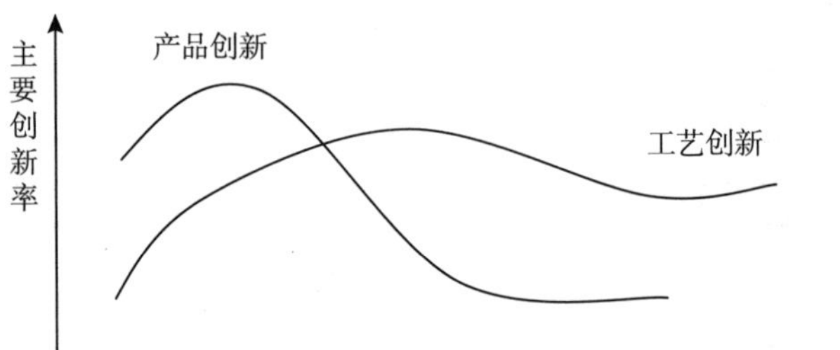

图 3-6　A-U 模型

① Franco M.' Innovation and the evolution of industries [J]. Journal of the Economics, 2005 (10): 199-202.

② 赵玉林. 主导性高技术产业成长机制论 [M]. 北京：科学出版社，2012：67.

Klepper 和 Graddy（1900）对 G-K 模型进行了技术内生化的发展，强调了过程创新所产生的成本竞争效应，是一个自由竞争随机过程创新模型，专门研究了技术因素对产业进化的影响。1996 年，Agarwal，Rajshree 和 Gort 对 G-K 模型进行了发展。他们沿着一条深入市场结构内部的现代产业组织研究思路，对产业生命周期（Vernon，1966）进行了更为细致的划分。通常认为产业生命周期包括幼稚期、成长期、成熟期和衰退期四个阶段（见图 3-7）。

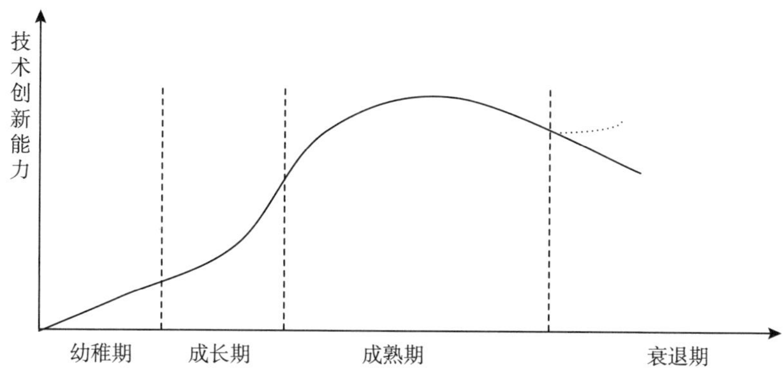

图 3-7 产业生命周期

技术创新是产业体系转型升级的根本动力，也是推动产业结构高度化和合理化的主要力量。技术创新推动产业发展与转移，创新产品初始垄断优势以及其后技术转移与扩散形成的垄断优势的丧失，从而推动产业结构的演进。创新技术关联决定着产业关联；技术创新从根本上改变着传统产业，进而使产业结构发生重大变革；技术创新的生命周期，决定着产业的兴衰与更迭。熊彼特认为，创新包括：新产品、新技术、新生产要素、新生产组织方式的应用和推广，以及新市场的开辟。对于新的产业的形成和成长，上述创新都对新产业的成长具有推动作用。当某产业的创新带来新的需求时，一般会引起生产要素向该产业的流入，促进产业成长和发展以及产业结构的升级；创新是产业集聚的根本动力，产业集聚有利于产业竞争力的提升和区域产业的发展。在市场机制和政府适度作用下，通过创新（包括产品创新、工艺创新、企业组织创新和制度创新）直接推动产业结构高度化演进。① 周叔莲、王伟光等（2001）指出，科技创新通过影响需求结构来改变产业结构；科技创新催生新产业、淘汰旧产业；科技创新促进产业升级，并使产业协同融合。同时，当某产业的创新带来生产效率的提高，但没有创造出新的需求时，则往往造成生产要素从该产业流出，从而加速了该产业的萎缩和退出过程，促进了产业结构的高度化。②

创新与需求结构升级相互促进，需求结构升级和创新活动的相互作用推动产品创新，而新产品新产业的不断涌现又会推动新旧产业更替和产业结构高度化的步伐。创新还能够通过其他机制作用于要素禀赋结构，收入水平提高也会促进需求结构不断升级，资本积累则使得要素禀赋结构升级，都能推动产业结构的高度化进程。自主创新特别是有知识产权、原创的自主创新，使产业生产率有所差异，使生产要素从生产率较低部门的转向生产率较高的部门，提升了产业技术水平，从而推动产业结构优化升级。

产业演化是技术和制度创新协同演进的结果，表现为在产业生命周期的不同阶段技术要素和技术要素互动创新形式的更迭，技术创新为产业的初创、成长和成熟提供动力，制度创新在产业演化的各个阶段对技术创新起着重要的促进、支撑和保障作用，两者互相推动、互为选择，呈现协同演化的态势（见图 3-8）。③ 高效的创新是建立在不同主体协同基础之上的，高效的创新系统就是一个协同系统。④

创新推进技术进步，促进主导产业扩张，而主导产业的更替，使产业结构转型升级。重大技术创新促进技术进步、新产业产生和生产方式变革，生产方式的进步和社会化程度的提升是产业结构高度化的本质内容和重要表

---

① 吴学花．中国制造业区域集聚研究［M］．北京：经济科学出版社，2010：134.

② 张辉．中国经济增长的产业结构效应和驱动机制［M］．北京：北京大学出版社，2013：7.

③ 孙晓华．技术创新与产业演化：理论及实证［M］．北京：中国人民大学出版社，2012：200-201.

④ 张玉臣．长三角地区协同创新研究［M］．北京：化学工业出版社，2009：4.

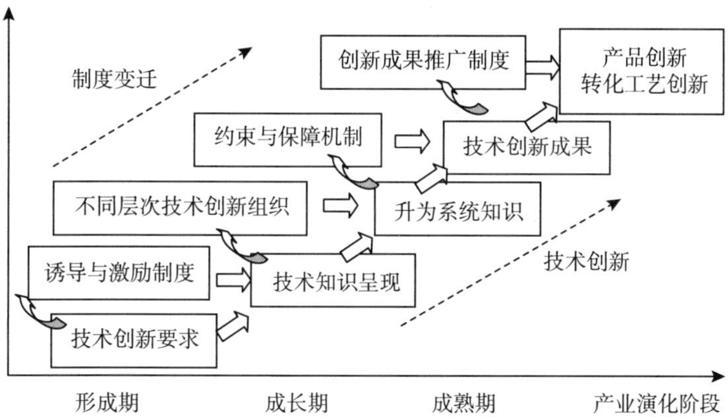

图 3-8 基于技术与制度创新协同提升的产业演化过程

现。技术创新创造新的市场需求，新的市场需求推进产业结构高度化。由于技术创新创造新的产业，新的产出满足了生产和生活中潜在的和更高层次的需求，刺激新产业的扩张，从而直接推动产业结构的升级。另外，产业结构协调化，在企业组织层面，包括产品结构调整、组织结构调整、生产方式转变和管理方式转变等；在产业组织层面，其合理化又体现在结构比例协调、结构有序变动、资源效率提高和产业布局合理等方面。同时，企业组织和产业组织层面存在良性互动。

熊彼特和弗里曼指出，技术创新是以市场需求为出发点，包含技术创新、制度创新、管理创新与市场创新等，是一系列创新有机整合的创新链。创新过程外延扩展，可以得到一国或地区经济成长的内在逻辑（吴金明，2001）。经济成长服从于基本分析函数式，即

$$Y = f(P、T、M、L、K、E、\cdots) \quad (3-1)$$

式（3-1）中，Y 代表经济成长；P 代表制度创新，T 代表技术创新，M 代表管理创新，L 代表劳动者，K 代表资本，E 代表土地（见图 3-9）。在全要素条件下经济成长的作用机理是：以制度创新诱发文化创新，以科学革命诱发技术创新；技术创新在市场需求和创新后的规制下转化为产业革命或产业结构更替，从而促进经济成长；而产业革命或产业结构更替引发产业

组织和管理革命；而管理革命导致产权和产品等要素的优化配置，从而促进产业和经济结构优化升级，进一步促进经济成长；而经济成长又推动着制度变迁与创新，如此循环演进。①

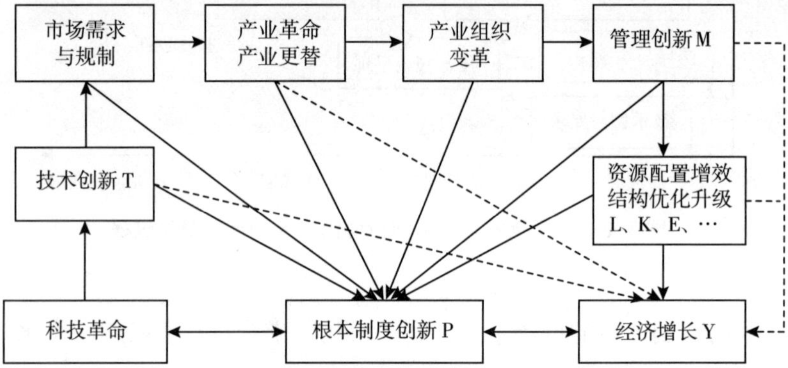

图 3-9　经济增长的要素作用机理逻辑

3.3.3　产业专业化分工驱动

产业结构变迁的基础是专业化分工及其发展，专业化分工是产业组织的存在基础和变动原因，也是推进产业升级的动力因素。产业分工易形成具有相当规模的制造业产业集群，产生规模效应。② 产业组织结构问题关注的重点是市场结构，市场结构是同一产业内企业的集中或分散程度，同时也包括大、中、小企业之间的分工协作关系。除产业组织的市场结构以外，还包括空间结构等。全球价值链是社会分工进一步深化的产物，分工深化带来的收

① 吴金明，汪勇，许拟，李智．特色背景、路径与模式——对近 60 年中国经济成长道路的评析［J］. 载于郑海航等主编《中国产业经济发展回顾与展望——中国工业经济学会成立 30 周年庆典研讨会论文集》. 北京：经济管理出版社，2013：286-287.

② Humphrey J. and Schmitz H. How Does Insertion in Global Value Chains Affect Upgrading in Industrial Clusters?［J］. Regional Studies，2002，36（9）：1020-1022.

益显然存在于价值环节片段化和空间重组的进程中，分工深化带来的收益是全球价值链形成的主要动因。产业结构演进的动因是专业化分工、经济发展方式或生产组织方式的变迁，专业化分工先表现为劳动或生产分工与人力资源的专业化，专业化还表现为物的专业化，即产品专业化、工序专业化、产业专业化、区域专业化等各个层次的专业化。在开放条件下，随着国际分工向要素分工转变以及产业的国际转移，产业组织以全球价值链作为载体、参与全球分工形成“俘获型”全球价值链，需要不断超越嵌入全球价值链的“俘获型”治理关系、方能不断优化在全球价值链中的产业组织关系和产业体系转型升级。传统的垂直分工正向混合型分工转变，呈现产业间分工①、产业内分工②与产品内分工③并存的多层次格局（孙海鸣等，2003）。④ 国际产业分工格局（见表 3-3）。随着国际分工格局的演进，国际分工正从产业层次转换为价值链层次；发达国家与发展中国家的分工体系正经历着以形成全球产业链和价值链为目标的变革，全球产业由发达国家或地区向发展中国家或地区转移，呈现结构层次不断向高端演进，呈现制造、研发和服务一体化转移新态势，从而加快全球产业链的形成和全球生产体系的重构。

表 3-3 国际产业分工格局

国际分工基本类型	产业内分工	产业间分工	产品内分工	
			垂直产品内分工	垂直产品内分工
基于价值链视角的界定	同一产业内不同产品的价值链的分工	不同产业价值链的分工	同一产品价值链中、上、下游价值环节的国际分工	同一产品价值链中技术水平和密集度相似环节的国际分工

① 产业间分工是指分工在不同产业间进行，在分工格局中，产业边界是清晰的，形成以垂直分工为特征的分工合作体系。

② 产业内分工是指依据同一产业内部产业链的不同环节来进行，产业链大致可分为三大环节：技术环节、生产环节和营销环节。

③ 产品内分工，是指按照同一产品的不同工序或零部件的不同技术含量进行。

④ 杨上广. 长三角经济空间组织的演化［M］. 上海：上海人民出版社，2011：31-32.

续表

国际分工基本类型	产业内分工	产业间分工	产品内分工	
			垂直产品内分工	垂直产品内分工
基本分工结构	水平型	垂直型	垂直型	水平型
分工的主要方式和手段	产业内一般国际贸易；公司内贸易；国际直接投资	产业间一般国际贸易	一般国际贸易；加工贸易；全球外包；OEM；ODM；国际直接投资；公司内部贸易	一般国际贸易；全球合同外包；国际直接投资；公司内贸易；战略联盟
分工的国别区位结构	发达国家之间；发达和新兴工业化国家之间；发达国家与部分发展中国家之间	发达国家与众多发展中国家之间	发达国家和新兴工业化国家之间；发达国家与部分发展中国家之间	发达国家之间；发达国家和新兴工业化国家之间；发达国家与部分发展中国家之间
分工的理论依据	规模经济、竞争优势理论	比较优势、资源禀赋理论	比较优势、规模经济、竞争优势、交易成本、内部化理论等	

4 国外产业转型升级模式借鉴

4.1 美国洛杉矶地区产业转型发展模式

洛杉矶是一座位于美国西海岸的城市，坐落于美国加州西南部，它的面积为469.1平方英里（1214.9平方公里）。洛杉矶地区人口约1800万人，下辖5个县，2013年GDP 6200亿美元，是仅次于纽约的全美第二大都市区。洛杉矶是美国最大的海港和金融中心。全世界的文化、科学、技术、国际贸易和高等教育中心之一，还拥有世界知名的各种专业与文化领域的机构。洛杉矶是航天工业、石油化工和电子业的最大基地之一，是美国主要的科技中心之一，享有科技之城的称号。该区域产业发展和转型路径和驱动模式（见图4-1）。

4.1.1 洛杉矶产业转型发展路径

洛杉矶产业发展转型路径，主要是沿着“区域性制造业城市—国家制造业中心—高科技产业和服务业为主导的全球性经济中心”的演进路线发展的。1920年，洛杉矶已是美国主要的石油生产基地；1926年，洛杉矶成

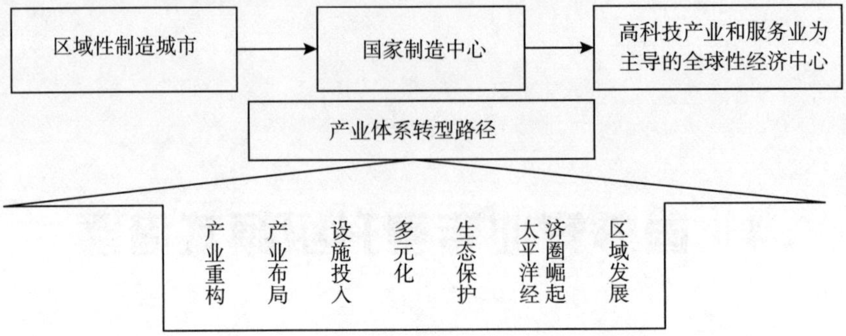

图 4-1　洛杉矶产业体系转型路径和驱动模式

为西海岸的重要港口；20 世纪 30 年代末，洛杉矶已成为南加州区域性中心城市；40 年代后期形成了除美国东部外最大的汽车—玻璃—轮胎一体化汽车制造综合体，1955 年洛杉矶飞机制造业就业机会达 27.5 万个，飞机制造业成为洛杉矶的支柱工业；从 1950 年开始，洛杉矶成为美国第三大制造业城市。20 世纪 80 年代，洛杉矶成为美国第二大银行集中地；进入 21 世纪，洛杉矶是美国的高科技产业和研发中心；在工程设计、环境技术方面处于世界领先地位，洛杉矶经济日益呈现国际化特征。①

4.1.2　洛杉矶产业发展成功转型的动因

洛杉矶产业发展成功转型的动因主要有，多元化的移民及移民文化、政府大力支持产业发展、基础设施投入、资源保障、生态保护、产业空间布局重构和得益于区域经济发展以及太平洋经济圈的崛起等因素的驱动。联邦政府加大了对西部的科技创新的投入和扶持，成就了洛杉矶“科技之都”；美国政府还大力支持好莱坞电影等文化产业的发展，20 世纪 60 年代，好莱坞已经在英国及拉美国家占据垄断地位；同时，加强交通条件和基础设施的改

① Alessio. The Structural Transformation between Manufacturing and Services and the Decline in the US GDP Volatility [J]. Universidad Carlos Ⅲ de Madrid Working Paper, 2009 (2): 11-12.

善，为洛杉矶多中心和大规模郊区化提供了条件，有效拓展了城市发展空间，吸引了大量移民、产业及其他生产要素向洛杉矶集聚。并高度重视生态环境保护，建立了完善的排污权交易制度；不仅成功治理了地面水污染，还投资开发了海水淡化等新的水资源。鼓励产业商业空间发展、集约用地和混合使用、地区之间转移发展权。

4.1.3 洛杉矶产业转型发展的启示

纵观洛杉矶城市发展的每个阶段，创新始终是永恒的主题，洛杉矶产业转型升级的实践证明，大力发展国家战略产业占领产业发展制高点是产业实现转型升级的重要动因。目前，我国的最大的战略就是科学发展、和谐发展，转变经济增长方式和调整产业结构。以国家产业发展战略作为推手，带动产业高端化和地区主导产业的选择和培育，长三角要营造公平、高效、开放的市场环境，积极让渡部分政府市场权力给中介组织，支持优秀企业进行产业国际合作，通过投资与贸易结合优化全球配置资源的能力，全方位融入世界产业发展体系。

4.2 德国鲁尔地区产业转型发展模式

鲁尔工业区是德国和世界最重要的工业区。在其经济发展过程中经历了由资源开发到资源枯竭、由钢铁振兴到企业没落的经济“阵痛”。鲁尔工业区通过产业结构调整，从以煤炭和钢铁工业为中心的资源型生产基地，转变为以煤炭和钢铁生产为基础，以电子计算机和信息产业技术为“龙头”，多种行业协调发展的新型经济区，产业体系转型升级较为成功。鲁尔地区产业发展和转型的路径及策略模式如图 4-2 所示。

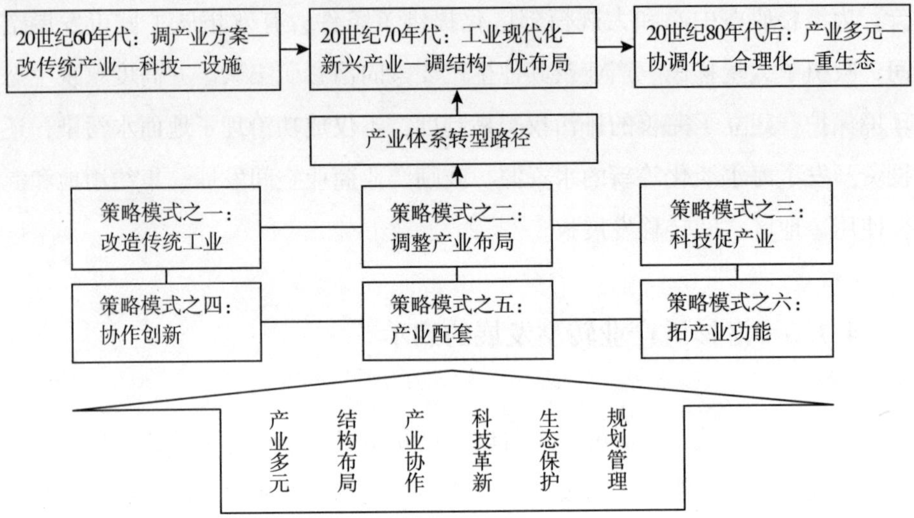

图 4-2　鲁尔地区产业发展和转型的路径及策略模式

4.2.1　鲁尔地区的产业转型发展路径

第一阶段为 20 世纪 60 年代，制订调整产业结构的指导方案，通过提供优惠政策和财政补贴对传统产业进行清理改造，并投入大量资金来改善当地的交通基础设施、兴建和扩建高校和科研机构、集中整治土地，为下一步的发展奠定基础。第二阶段为 20 世纪 70 年代，在继续加大第一阶段改善基础设施和矿冶工业现代化的同时，重点通过提供经济和技术方面的援助，逐步在当地发展新兴产业，以掌握结构调整的主动权；开展了区域整治，发展新兴工业和轻工业，促进区内经济结构多样化；对老企业的改造先从调整产业结构入手，电子信息技术产业和生物技术产业等新兴产业的发展，为老工业改造提供了技术支持和资金支持，带动了相关产业发展；同时，调整区内生产布局；大力发展文教科研，推进企业的技术改造，同时整治环境，生态发展，推进花园工业区建设。第三阶段为 20 世纪 80 年代至今，德国联邦和地方政府充分发挥相应的区域优势，发展新兴产业，形成独特的优势行业，实现产业结构优化。[①] 经过转型升级，鲁尔地区经济结构趋于协调，工业布局趋于合理，经济由衰落转向繁荣，改变了重工业区环境污染严重的局面，鲁尔工业区已变成一个环境优美的博物馆和休闲区。于 2001 年 12 月被联合国教科文组织列入世界文化遗产名录。

4.2.2　鲁尔地区的产业转型策略模式

鲁尔工业区产业转型升级的成功，在于实行了产业结构多元化。无论从大型企业和中小企业的规模看，还是从工业和服务业的范围看，都显出了多元化趋势；在新建及现有的研发机构和企业创立新技术领域，建立了有利于创新活动的多元化基础设施。同时，积极接受技术和革新，也是鲁尔工业区从旧煤矿和钢铁厂向现代经济体系成功转型的关键因素之一。[②] 具体策略模式：①调整区域产业结构，全面改造传统工业。煤炭和钢铁产业是鲁尔区发展的两大支柱，区域产业结构的特点和发展在很大程度上受既有产业结构的特点影响。调整产业原来结构，对企业实行集中化、合理化的改造，是 20 世纪 60 年代《鲁尔发展纲要》实施的重心；1979 年，《鲁尔行动计划》把信息、环保、新材料、信息技术、生物医药技术等新兴产业作为发展重点，"新创意经济"产业在鲁尔区得到迅速发展，保留了大批厂房设备作为工业遗产，并由设计师创意改造，成为"工业旅游区"。同时，鼓励企业间以及企业与研究机构之间协同合作，以发挥"群体效应"。产业的转型必然带来劳动力的转型，为解决产业结构转型过程中的失业问题，鲁尔地区大力发展零售、旅游、多媒体、广告、法律咨询等服务业。当时全区第三产业的从业人口就占 80%以上。[③]并且，为了改造传统产业，政府先对矿区进行重点清理整顿，将采煤集中到盈利高和机械化水平高的大矿井，同时采取优惠政策

① 武诗韵．德国鲁尔区工业转型经验［N］．国际在线，2013-07-21.
② 冯春萍．德国鲁尔工业区持续发展的成功经验［J］．石油化工技术与经济，2003（2）：47-52.
③ 吴玲．德国鲁尔区发展模式嬗变的启示［N］．荆楚网，2012-12-13.

扶持并改造煤炭和钢铁产业，充分发掘传统产业的潜力。此外，各级政府还大力改善交通设施、发展文教科研等措施，为鲁尔区未来的发展奠定基础。[①] ②调整产业布局，发展新兴产业。在20世纪60年代区域总体规划中，提出了划分三个不同地带、平衡全区生产力布局的设想，在布局新企业时先考虑边缘发展地带，对传统产业依据不同的情况实行关、停、并、转。主要发展健康工程和生物制药，“生态”化学工业和文化旅游与文化产业。③大力发展科研协作创新，促进产业转型升级。面对新的形势，鲁尔地区先进行改革创新，加强科研界与经济界的合作，在发展新技术产业的同时，加快用新技术对传统工业的全面改造，加强企业间的联系与协作创新，保证资源的合理配置，加快了将科研转化为生产力的步伐，并提升了区域产业结构的层次。④统筹规划，保护生态；完善产业配套，拓展产业新功能。在区域总体规划中，注重生态保护，着力调整鲁尔区的经济及产业结构；大力对工业遗产旅游资源再开发，力求把传统的工业区转换成现代科学园区和服务产业园区，拓展产业新功能。

4.2.3 鲁尔地区产业转型发展的启示

鲁尔地区的转型在全球范围内的确给出了一个很好的样本，已形成了新老工业并举，布局相对合理的区域工业综合体，已经发展成为一个生机勃勃、颇具独创性的经济和文化城市群落，转型升级过程中饱含人文和生态思想，是为数不多以人性化方式转型升级的传统工业地区之一，有很多经验值得我们借鉴。鲁尔地区面对逆工业化过程和区域衰退，利用科学技术革命，不断创新，始终把环保和可持续发展作为重中之重，全面进行区域产业升级和综合治理。

---

① http：//www. enorth. com. cn.

4.3 英国伯明翰地区产业转型发展模式

伯明翰是仅次于伦敦、曼彻斯特的英国第三大城市，在英格兰中部、伦敦至利物浦的铁路干线上。据2009年数据，伯明翰大都市区人口也居英国第二位，达368万人；伯明翰面积208.8平方公里。附近城市密集，煤、铁资源丰富。现为英国主要制造业中心之一，工业部门繁多，以重工业为主。世界最大的金属加工地区之一，有黑色冶金、有色冶金（铜、锌、黄铜、铝、镍），仪表、车厢、机床、化学、飞机、自行车、军工等工业。汽车工业规模很大，约有25%居民从事相关职业。[①]

该地区起初是小五金等加工业，后来逐渐出现自行车制造业、汽车制造业、制衣工业、食品加工制造业等，知名的路虎越野车、MG汽车、罗孚汽车、Mini，还有吉百利巧克力等都出自伯明翰；然而，由于环境、劳动力成本等多种因素，伯明翰的工业逐渐外迁至其他地区甚至英国本土之外，制造业为主的工业城市，通过转型升级已经成为一座服务业占经济超过70%的现代服务型城市。伯明翰是英国早期工业革命的标志性城市之一，在经济转型和产业结构调整中，具体策略是（见图4-3）：首先，进行技术改造、创新和改革，使传统工业转型升级。伯明翰地区为提高产品的技术含量和高附加值，对钢铁等传统产业进行现代化改造，提高了劳动生产率和产品质量。同时，加快发展了电子工程和汽车制造业，使之成为汽车制造业的中心。经过产业转型升级，服务业就业比重大幅提升，高达53%。其次，积极进行基础设施建设，树立服务型（地区）城市形象。[②]

---

① http：//baike.baidu.com/subview/6677/9825635.htm.

② 张芝年．工业化向服务型城市转变——英伯明翰复兴之路．http：//www.people.com.cn/GB/guoji/14549/2248284.html.

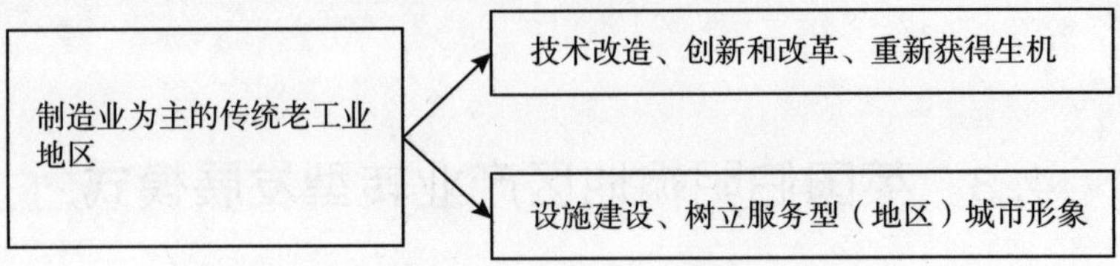

图 4-3　英国伯明翰地区产业发展和转型模式

4.4　发达国家产业转型发展模式借鉴

4.4.1　美国产业转型发展新模式

20 世纪初，随着第二次工业革命推进，美国完成了从农业占主导向工业占主导的转变；20 世纪 70 年代以后，美国的经济已经跨越工业化时代，开始进入后工业化时代，第一、第二产业在经济中的比重继续下降并趋于稳定。美国产业结构发展是典型的市场主导下的自然演进模式，其产业结构的演进和发展遵循产业发展的一般客观规律，各次产业地位随着主导产业顺次演进而更替；与标准产业结构相比，美国产业结构比较协调合理，产业结构高度化，而产业结构的高度化促使产业结构在更高层次上的合理化。

金融危机后，美国反思实体经济与虚拟经济关系，积极发展战略性新兴产业，以提升制造业、以发展新能源和产业融合为契机，推动产业创新发展。具体为，确立以新能源为主的战略方向，培育发展战略性新兴产业；通过设计、制造和推广新的“绿色能源”提升美国工业竞争力，以培育和发展新能源产业。同时，美国出台《制造业促进法案》，提升制造产业，即推行“再工业化”战略，鼓励发展先进制造业，以高新技术改造传统制造业，培育新产业业态，夯实产业创新与战略性新兴产业发展的基础，对战略新兴产业的投入与鼓励，创造新经济增长点；加大产业间的技术创新合作，促进产业协同融合；加大对信息传感网、工业智能网、智能电网等融合设施的建设；高度重视科学技术，加大研究、开发和创新的投入与支持力度；确立工业基础实施和科研、教育、可再生能源及节能项目、航天、环境保护、医疗信息化、海洋和大气领域为投资的重点。鼓励民间参与产业创新，推动民间参与科技开发和利用，维持科技创新优势，抢占新兴产业竞争制高点，保持产业创新活力和经济持续增长。

4.4.2 欧盟产业转型发展新模式

欧盟发布了《欧盟 2020 战略》，进一步明确今后 10 年的经济发展战略目标是通过高效使用资源和鼓励自主创新，实现经济更加健康和更为绿色发展，增加知识创新投入和发展新兴产业。着力发展低碳经济，鼓励可再生能源技术的发展，到 2020 年，可再生能源的使用量至少增加两倍。加强绿色产业的技术创新和投资力度，欧盟委员会已制定了一项发展环保型经济的中期规划，旨在打造具有国际水平和全球竞争力的绿色产业，推进高端制造业和文创产业的发展。积极推进物联网产业的发展建设，发挥互联网的渗透和融合功能；切实推进传统产业升级、新兴产业发展和信息网络基础设施与技术平台建设。①

4.4.3 日本产业转型发展新模式

日本是在借鉴先进国家的产业结构发展与升级规律，并依靠自身的后发优势，成为依赖政府产业政策，促进产业结构协调发展和产业结构高级化的

① 金碚，黄群慧等．中国社会科学院工业经济研究所·学科前沿报告（2012~2013）［M］．北京：经济管理出版社，2013：20-21.

成功范例。日本是在政府政策的主导下进行产业结构调整与转型，政府强调以市场机制作为资源配置的主要手段；日本遵循产业结构发展的一般规律，在政府主导过程中，产业结构的发展并没有出现“逆转”现象，各次产业的产值结构也保持相对合理，同时产业结构沿着产业结构发展的一般规律不断高度化发展。第二次世界大战后，日本开始大力推行产业合理化，逐步使产业结构由轻工业—农业主导型向重化学工业主导型转化，发展出口贸易，大力推进资本积累；同时，积极培育中小企业。经过转型升级，日本的产业结构迅速走向合理化和高级化。20 世纪 70 年代，农业在国民经济中的份额继续下降，第二产业比重上升，第三产业的份额基本保持稳定，基本实现工业化，产业结构趋于合理；70 年代末，日本开始调整产业结构，逐步淘汰高能耗的产业，改造能源密集型的产业，大力发展第三产业；80 年代之后，日本开始进入后工业时代，农业比重在国民经济中的份额不断持续下降，而服务业的比重持续上升，具有知识经济时代的结构特征。在考虑“后危机时代”的经济振兴时，进一步实行发展新技术税收优惠，不断完善研究开发补助金制度，加大技术研发资金支持力度；在《产业结构展望 2010 方案》中提出了未来将重点培育的五大战略性产业领域①，重视产业创新，发展战略性新兴产业，调整经济结构与产业结构的优化升级、提升产品和服务的附加值；② 建立产学研共同研发机制，制定《关于促进新能源利用等特别措施法》和《可再生能源配额制法》，推进节能环保产业的发展；扩大国内外的市场需求，从利用国内要素和扩大对外开放两个方面寻求经济增长动力，经济增长将转向需求驱动型增长模式。

① 五大战略性产业领域包括基础设施相关产业，环保和能源产业，文化创意产业，尖端技术产业，以及包括医疗、护理、健康和生育等在内的社会公共产业。

② Furman J., Porter M. and Stern S. The Determinants of National Innovative Capacity. Research Policy, 2002 (31).

4.4.4 发达国家产业转型发展新模式的启示

从发达国家产业体系发展模式和产业发展规律来看，有很多经验值得长三角地区借鉴与思考。只有推动产业体系转型升级，产业体系才能协调发展；在产业体系转型发展过程中，明确产业体系调整的方向，要紧跟世界产业发展的潮流，积极应对新工业革命的机遇与挑战。只有积极推动产业体系的转型升级，才能很好地融入全球的产业分工，才能切实提升价值链的位势和产业链的控制力或“链主”地位。

5 产业发展现状和问题

5.1 我国产业结构现状

5.1.1 产业结构演进历程

改革开放前，我国的产业结构直接由以农业为主向以重加工工业为重心的发展阶段转移。① 改革开放后，为了扭转产业之间及产业内部发展的严重失调现象，促进产业结构协调发展，我国实施了一系列结构调整政策。根据产业结构变动的特征，可分为两个阶段。② 即 1978~1984 年，调整农业与工业之间以及工业内部轻重之间的发展关系；1985~1992 年，第二产业比重稳中有升，第三产业有所发展；1993 年之后，在市场需求拉动和政府政策引导下，重化工业重新复苏，成为工业和经济增长的主导力量，即再重工业化阶段；产业结构表现出一定的高度化，带动了经济快速增长，产业结构逐步

① Ge Ying. Globalization and Industry Agglomeration in China [J]. World Development, 2009, 37 (3): 555-558.

② 吴敬链. 中国增长模式抉择（增订版）[M]. 上海：上海远东出版社，2011：105.

趋向协调。目前，我国产业结构形态主要处在产业结构的高度加工阶段的后期和产业结构的技术知识集约化阶段前期的区间里。①

5.1.2 三次产业结构现状与演进趋势

1978 年以来，第二产业产值在全国 GDP 中所占比重呈现出先下降后上升的趋势，但从总体来看，产值比例稳定在 45%左右。第三产业占 GDP 的比重总体呈现先下降后上升的趋势，经济越发达，第三产业在经济发展中所发挥的作用越大，第三产业的发展状况是一个国家和区域经济发达水平的重要衡量标准。我国（经济发达地区）三次产业产值结构出现“3-2-1”的形态，其他地区一般为“2-3-1”的形态。

三次产业的产业结构由不合理逐步趋于合理。按照国际工业化标准，2010 年我国产业结构高度指数为 0.666，即完成了工业化进程的 2/3，该工业化指数水平略高于泰国的 0.633 和印度尼西亚的 0.596；该发展水平不但远低于世界主流发达国家美国的 14.147、英国的 10.530、法国的 14.480、德国的 13.184 和日本的 11.669，而且也大大低于新兴工业化国家韩国的 4.718 和新加坡的 7.071。从改革开放以来的数据来看，我国从 1998 年开始，工业化进入加速提升阶段，1998~2005 年年均工业化指数提升 3.5 个百分点，如果以这个速度发展，我国将在 2023 年完成工业化，将比国家设定的 2030 年完成工业化战略目标提前 7 年；2006~2010 年年均工业化指数提升 6.4 个百分点，工业化进程进一步加速，当时推算出我国在 2015 年完成工业化；1998~2010 年整个工业化加速进程中，年均提升工业化指数 4.7 个百分点，按此计算，我国在 2017 年完成工业化。综合考虑上述三种计算结果，我国应该在 2020 年左右完成工业化，我国持续高速增长的最佳黄金周期将从 1998 年开始，持续 22 年左右。② 国内主要省份在产业结构高度方面

① Martin S. Advanced Industrial Economic (Edition 2) [M]. Blackwell Publishing, 2001: 16-20.

② 张辉. 中国经济增长的产业结构效应和驱动机制 [M]. 北京：北京大学出版社，2013：5.

呈现明显的三个阶梯的区域差异性，上海、北京、天津三个直辖市工业化指数都大于1，已经完成工业化，处于后工业化阶段；东部沿海地区的工业化指数介于0.5~1，处于工业化中后期；中西部地区的工业化指数介于0~0.5，处于工业化起步阶段。笔者认为长三角地区也基本完成了工业化，处于后工业化阶段或工业化后期。我国三次产业结构的变动趋势与就业结构的变动趋势基本一致，就业结构高度与产业结构高度密切相关。制造业是经济增长的主动力，是第二产业的重要组成部分；我国第三产业的发展形成了新的内部结构体系，第三产业的内部结构也呈现出逐步优化的趋势，是产业体系优化和升级的主要标志。

5.1.3 产业体系特征与构成

我国产业以资源投入为前提的“低价格”竞争的产业发展模式是不可持续的。产业的产能过剩是这种结构性矛盾的体现，我国必须以供需结构为依据，进行三次产业的结构调整和转型升级。我国制造业产业链的关键部门（研发部门、流通部门和品牌）则由外资或外国企业掌控，这种产业链上的劣势，时刻威胁着我国制造业的产业安全。因此，强化产业链整合与控制是提升我国产业竞争力的关键，产业链上下游企业之间的分工、协作与竞争、产业链上的关键产业的控制是决定产业发展和产业竞争力的关键。

2013年我国GDP为568845亿元，比2012年增长7.7%。其中，第一产业增加值56957亿元，增长4.0%；第二产业增加值249684亿元，增长7.8%；第三产业增加值262204亿元，增长8.3%（见图5-1、图5-2）。第一产业增加值占GDP的比重为10.0%，第二产业增加值比重为43.9%，第三产业增加值比重为46.1%，第三产业增加值占比首次超过第二产业。[①] 刘世锦（2006）认为，在我国的经济增长面临生产要素成本上升、能源环境约束趋紧、外延扩展空间缩小以及金融开放潜在风险乘数效应增加的条件下，作为经济增长的载体，以往的粗放、资源和劳动密集、出口导向型的产业成长模式必须做出重大的调整，面临着巨大的转型升级压力。

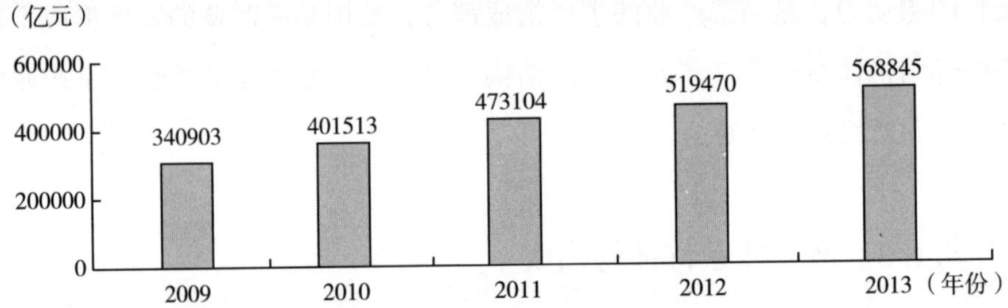

图 5-1　2009~2013 年 GDP

资料来源：国家统计局，2013 年国民经济和社会发展统计公报。

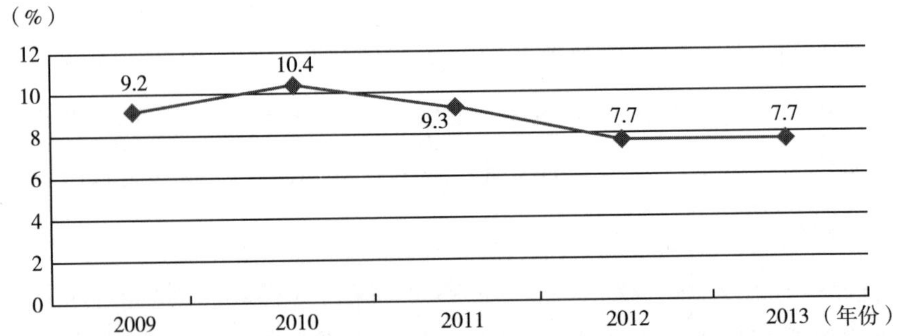

图 5-2　2009~2013 年增速

资料来源：国家统计局，2013 年国民经济和社会发展统计公报。

① 国家统计局．2013 年国民经济和社会发展统计公报［R］．2014-02-24.

5.2　我国产业结构存在问题

5.2.1　产业结构不协调与不合理

在产业发展过程中，我国三次产业变动与发达国家或地区的三次产业演进规律不一致，经济发展过度依赖第二产业，存在着第一、第二产业比重偏高，长期以来，重生产、重数量、轻质量，造成了我国服务业发展严重滞后，第三产业的产值比例低，与发达国家和世界平均水平都有较大差距，现代服务业技术水平偏低，缺乏国际竞争力。产业结构内部结构不合理，三次产业结构总体不协调。我国第三产业仍以技术和知识密集程度较低的传统批发零售及餐饮、一般传统性服务业为主，生产性服务业发展不足，第三产业结构有待优化和升级；航空等交通运输业、邮电通信业、金融保险业以及教育、卫生、文化艺术和广电文化产业等第三产业部门，市场化机制滞后，抑制了第三产业的发展。我国第三产业的效益偏低，增长方式仍然是粗放型增长模式。

5.2.2　产业结构趋同严重

我国高技术产业不到10%，低于发达国家高技术产业比重。国内企业主要承担高技术产品的加工组装等劳动密集型工序，事实上，技术密集程度、研发比重和附加值都相当低。区域产业结构表现出趋同态势，产业缺乏分工和优势互补协同机制，中部地区与东部地区产业结构相似率为94.6%；产业结构趋同，阻碍区域优势的发挥和资源的优化配置。地区主导产业选择和产业结构都很相似，地区之间分工协作程度过低，地区经济互补性很弱，过度工业化严重；产业结构趋同表现为产业结构比例失调和产业结构效率低下；比例失调表现为空间结构失衡，第二产业产值比重过高，第三产业产值比重过低；效率低下表现为要素的配置结构不合理和效率低下、产能过剩、资源浪费和阻碍技术创新等。①

5.2.3 产业结构升级动力不足

发达国家的贸易保护主义和再工业化对我国产业升级的抑制、我国宏观调控的短期效应，产业结构的缺陷进一步放大，这些因素严重阻碍了我国产业体系的转型升级。我国产业结构过度依赖国外市场，过度依赖投资与房地产业。发达国家充当全球产业链与价值链中的系统整合者，对其产业链上游、下游企业的活动进行整合与协调，继续维持其在价值链的顶端位置。发达国家主导下的全球产业整合，会迫使后发国家放弃优势产业，打破现有产业体系，去迎合发达国家的产业链的整合（邱英汉，2004），对后发国家产业升级形成了阻碍。我国经济运行中的结构性缺陷，使产业升级缺乏内生动力，产业运行明显受到政府投资需求拉动的影响，由于各个产业市场化程度的差异，价格机制无法完全正常调节产业间的关系（徐佳宾，2007）。我国的很多产业集群缺乏当地的根植性，基于全球生产网络效应的“封闭式”升级，对于东道国产业发展以及当地创新体系的提升，往往作用有限，存在一个“升级悖论”（王益民、宋琰纹，2007）。在中国制造业转型的过程中，技术进步并没有成为推动工业经济增长的主要因素（陈勇、李小平，2007）。同时，后发国家引入的转移产业与原有产业结构体系脱节，导致传统产业升级更加困难。

① 任保平，钞小静，魏婕等．中国经济增长质量报告（2013）［M］．北京：中国经济出版社，2013：162.

5.3 长三角产业发展现状

5.3.1 长三角产业结构总体评价

长三角经济运行的总体特征是经济增长速度趋缓，但在预期目标内实现平稳较快发展，如表 5-1 所示。2013 年长三角地区产业结构调整进一步加强，三次产业结构得到优化。2013 年长三角地区 16 个城市三次产业结构比例为 3.1：47.4：49.5，第三产业占比首次超过第二产业。[①] 2013 年长三角地区实现规模以上工业总产值突破 18 万亿元，达到 18.71 万亿元，同比增长 7.7%，增速比 2012 年提高 0.8 个百分点。2013 年长三角地区在外需疲软的情况下，依靠投资和消费拉动经济增长。2013 年长三角地区完成固定资产投资达到 47198 亿元，同比增长 16.7%，增速比 2012 年回落了 0.8 个百分点。2013 年长三角地区实现社会消费品零售总额达到 35449 亿元，同比增长 12.2%。对外贸易和利用外资水平略有增长，总体增长质量逐步趋优。上海霍夫曼系数最低，已进入工业化后期阶段，江苏则处于工业化中期向后期的过渡阶段，浙江省则处于工业化中期阶段。从产业结构优化方向来看，长三角地区应关注三次产业的融合趋势，并在此基础上凸显现代服务业的主导作用。

① http：//www.dftjj.com/newspage.aspx?newsid=2358.

表 5-1 2009~2013 年长三角地区 GDP 及增速

年份 地区	2009		2010		2011		2012		2013	
	GDP（亿元）	增速（%）	GDP（亿元）	增速（%）	GDP（亿元）	增速（%）	GDP（亿元）	增速（%）	GDP（亿元）	增速（%）
上海市	15046	8.2	17166	10.3	19196	8.2	20182	7.5	21602	7.7
江苏省	34061	12.4	40903	13.5	48604	11.0	54000	10.1	59162	9.0
浙江省	22990	8.9	22722	11.9	32319	9.0	34665	8.0	37568	8.2
全国	310943	9.2	401513	10.4	473104	9.3	519470	7.7	568845	7.7

资料来源：根据 2009~2013 年《国家统计年鉴》《上海统计年鉴》《江苏统计年鉴》等统计年鉴计算所得。

5.3.2 长三角三次产业板块结构分析

长三角地区产业结构调整演变情况较好，与地区经济发展状况相适应。其中，上海产业结构为“3-2-1”型，第三产业比重超过第二产业；其他两省的产业结构均为“2-3-1”型①（见表 5-2）。2013 年，长三角地区 16 个城市中有 8 个城市工业经济总量超过万亿元，其中 2 个城市总量突破 3 万亿元。从增长速度看，11 个城市与上年相比均出现不同程度回落，9 个城市增速达到两位数。第三产业加快发展。长三角地区实现第三产业增加值突破 4 万亿元，达到 4.84 万亿元，增速均值达到 10.4%，服务业内部结构均有所优化。投资增速下滑，现代服务业发展不足，生产性服务业还没从价值链中脱离出来，价值链的产业分工体系并未形成，先进制造业没在价值链上形成专业化聚焦，生产性服务有待发展和体系培育。在转型发展和结构调整相关政策的推动下，战略性新兴产业等重点产业投资继续保持快速增长势头。②

① 贾晓峰，王家新．长三角产业结构研究［M］. 北京：经济科学出版社，2011：19.

② 芮明杰，王子军．产业发展与结构转型研究：后金融危机时代上海先进制造业发展战略与政策［M］. 上海：上海财经大学出版社，2012：77.

长三角地区上海、江苏和浙江经济增速明显减缓，但综合实力处于国内前列，目前已经进入转型发展的关键期，传统优势渐趋弱化，新的优势尚未明显建立；工业化进程加快，但产业能级和经济发展总体水平仍然不高，资源环境约束增强，“过密效应”下的大规模的产业扩散效应还没有真正到来，转变发展方式任务也已十分迫切，发展压力明显，经济转型和产业体系升级将是趋势。①

表 5-2 2010~2013 年长三角地区产业结构比例

地区	三次产业结构比例（%）			
	2010 年	2011 年	2012 年	2013 年
上海市	0.7：42.0：57.3	0.6：41.5：57.9	0.6：39.4：60	0.6：37.2：62.2
江苏省	6.1：52.5：41.4	6.3：51.5：42.2	6.3：50.2：43.5	6.2：49.2：44.7
浙江省	4.9：51.6：43.5	4.9：51.3：43.8	4.8：50.0：45.2	4.8：49.1：46.1

资料来源：根据 2010~2013 年《上海统计年鉴》《江苏统计年鉴》和《浙江统计年鉴》统计计算所得。

在新工业革命的影响下，长三角地区的信息产业发展将呈现新趋势：产业规模继续平稳增长，以快于 GDP 增长的速度增长，产业将保持全国的优势地位；尤其是信息技术服务业，其增速将保持在 30%以上，远远高于信息制造业及软件产业的增长速度。在信息产业的细分领域，集成电路、平板显示等基础产业将继续成为优势产业。在云计算和移动互联网等技术的快速发展的背景下，信息技术服务市场规模将持续增长，信息技术服务业的比重将继续增大，产业链向高端稳步延伸，技术创新推动新兴信息产业快速发展，信息领域的新技术的推广和应用，将促进新兴信息产业的发展。首先，云计算产业规模不断扩大，创新能力日益增强，产业链日趋完善，产业结构进一步软化，而且云计算与移动互联网、大数据等新兴业态的紧密融合，将

① 王振．泛长三角地区经济发展报告 2012［M］．上海：上海人民出版社，2012：16-17.

催生更多的新产品、新业态、新服务。其次，4G 牌照的发放将推动长三角地区移动互联网的广泛应用和服务创新。最后，大数据的处理离不开云计算技术，随着技术进步，大数据与云计算将进入更深层次的融合，促进企业创新产品和服务，以挖掘数据价值为核心的大数据技术将不断催生新型商业模式的出现。①

5.4 长三角产业结构存在问题

5.4.1 产业结构同质同构严重

长三角区域的行政、自然条件和文化相近或相似，经济发展资源多数以外购为主，各地缺失共同的“产业发展规划”，产业间的专业化分工不够，产业发展出现雷同或趋同现象，如选择汽车产业的城市有 11 个，选择石化产业的城市有 8 个，选择通信行业的城市有 12 个。劳苑（1993）与朱海就（2005）的研究认为，长三角制造业的结构存在严重雷同。相关研究显示，长三角 16 个城市排在前几位的支柱产业都是电子信息、汽车、新材料、生物医药工程，趋同率达到 70%。唐立国（2002）认为，长三角城市间的产业同构相似程度还具有地域空间上的相似，苏州、无锡和常州的平均相似系数高达 0.97。靖学青和陈学军（2004）通过对结构相似系数 $S=\sum(X_{in}\times X_{jn})/\sqrt{\sum X_{in}^2\times X_{jn}^2}$ 的实证指出，长三角产业结构在宏观上表现出趋同。处于某一特定产业的企业，由于自身资源条件和市场资源状况

① 王振．2014 长三角地区经济发展报告［M］．上海：上海社会科学出版社，2014：155-157.

的不同，资源往往“封闭”在企业内部。①

社科院城市与竞争力研究中心的测算数据显示，2004 年以后，长三角区域的产业结构相似度均值水平总体呈上升趋势；2010 年达到 0.795，发生了明显的产业同构现象。近年来，上海与江苏产业结构的相似度为 0.9 左右，苏沪两地的产业同构程度严重，其中电子设备制造业作为本地的主要产业，占本地制造业总量的比重分别为 22.404%和 17.4%；江苏与浙江产业结构的相似度为 0.85 左右。长三角产业结构严重的低水平同质同构现象，不利于形成产业合理布局和专业化协同合作。区域内各个城市的多元化发展，在长三角地区内就是重复建设，既不能充分发挥城市的比较优势，也不利于资源的优化配置，导致生产资源的浪费和生产能力的闲置，出现规模的不经济；不能形成区域主导产业，降低了区域的产业竞争力和经济效益。

从长三角地区各个城市的产业发展规划中可以看出，其所重点扶持和发展的行业都存在严重的趋同现象；长三角各个城市的产业发展规划表明，所重点扶持和发展的行业都存在严重的趋同现象，如果考虑地方政府行为因素，则产业结构趋同现象在短期内无法有所改变。“同质同构”带来的只能是区域内部产业力量的此消彼长和区域产业整体竞争力的下降，阻碍了区域经济一体化的进程。长三角在产业发展过程中，推行区域产业的“异质同构”，可以实现区域内部形成合理的产业分工协作和层次有序的产业链条，又可以实现区域城市推动区域的发展和区域的发展带动区域城市的发展的良性循环，以此来推进长三角地区区域经济一体化的进程；要促进长三角作为一个整体进行产业升级和结构调整，并形成集聚优势，参与国际分工和全球价值链的竞争。②

① 张磊．中国制造业 FDI 的效应与决定因素［M］．北京：中国经济出版社，2010：168-169.

② 张轲．中国社科院财经战略研究：沪苏浙皖“世界超级经济区”已形成［N］．第一财经日报，2014-05-13：B16.

5.4.2 长三角制造业专业化系数偏低

长三角作为跨国公司的制造基地，其产业发展的技术主要依赖国外引进，自身的技术开发能力较弱，大多数采取价格竞争的市场手段；其分享制造企业的产业分工链条一部分，处于产业价值体系的末端或仅作为外资的关键技术零件供应商、品牌商或承包商链条配套环节。芮明杰研究指出，上海制造业专业化系数大于1的部门共有11个，其产值占全部制造业的62.73%，专业化平均系数为1.34；而江苏制造业专业化部门有12个，产值占全部制造业的57.27%，专业化平均系数为1.38；浙江有15个专业化部门，产值占全部制造业的63.51%，专业化系数平均为1.58，具体分布如表5-3所示[①]。

表5-3 长三角地区专业部门及其专业化系数

地区	专业化部门及其专业化系数	说明
上海市	交通运输设备（1.70）、文体用品（1.66）、黑色金属加工（1.48）、电子通信设备（1.37）、仪器仪表（1.32）、普通机械（1.30）、木材加工（1.27）、印刷（1.25）、金属制品（1.20）、服装（1.14）、电气机械（1.08）	11个专业化部门，产值占全部制造业的62.73%，专业系数平均为1.34
江苏省	化学纤维（2.13）、纺织（1.81）、普通机械（1.68）、服装（1.49）、化学原料及制品（1.19）、金属制品（1.19）、电气机械（1.14）、仪器仪表（1.10）、木材加工（1.07）、塑料制品（1.05）	12个专业化部门，产值占全部制造业的57.27%，专业化系数平均值为1.38
浙江省	皮革（2.45）、服装（2.18）、纺织（2.14）、化纤（2.12）、其他制造业（1.73）、文体用品（1.68）、普通机械（1.57）、塑料制品（1.47）、电气机械（1.35）、造纸（1.29）、金属制品（1.25）、家具制造（1.18）、木材加工（1.15）、仪器仪表（1.06）、专用设备（1.05）	15个专业化部门，产值占全部制造业的63.51%，专业化系数平均值为1.58

① 芮明杰，王子军．产业发展与结构转型研究：后金融危机时代上海先进制造业发展战略与政策［M］．上海：上海财经大学出版社，2012：73.

续表

地区	专业化部门及其专业化系数	说明
长三角地区	化学纤维（1.73）、服装（1.60）、纺织（1.57）、普通机械（1.55）、文体用品（1.46）、金属制品（1.21）、电气机械（1.19）、塑料制品（1.16）、仪器仪表（1.15）——专用设备（1.14）、木材加工（1.14）、皮革（1.14）、化学原料及制品（1.06）、其他制造业（1.06）	14个专业化部门，产值占全部制造业的56.79%，专业化系数平均为1.30

5.4.3 产业结构重型化比重大

近年来，长三角区域加快了产业结构调整的步伐，大力推进了第三产业和现代服务业的发展。但从总体看，产业结构重型化格局还没有根本改变。2012年，长三角两省一市第二、第三产业占GDP的比重分别为：上海第二、第三产业占39.4%和60%，江苏省第二、第三产业占50.2%和43.5%，浙江省第二、第三产业占50.0%和45.2%；服务业比重还远低于发展国家。因此长三角区域的经济结构调整、产业转型升级和能源结构调整任务任重而道远。

6　新工业革命对产业发展与长三角产业升级的影响

6.1　新工业革命对产业转型升级的影响

6.1.1　新工业革命的产生与启示

在全球金融危机影响下，世界经济开始寻找新的增长点，新兴技术被广泛应用；以新一代信息、新能源、新材料、生物技术等融合推动，引发了新一轮科技和产业革命。以新一代信息技术为推动的新工业革命，不仅将带来互联网、云计算、大数据和物联网的升级等新兴产业的发展，还将带动新能源、新生物技术、新材料的新突破，带来以 3D 打印、机器人、智能制造为代表的“再制造”的崛起，成为推动世界经济发展的新增长点。汤敏认为，化石燃料驱动的经济发展模式，不再能支撑全球的可持续发展，新工业革命的诞生与全球可持续发展面临的压力相关，在寻求进入“后碳时代”的新模式。①

① 赵景来．第三次工业革命与新经济模式若干问题研究述略［J］．国家行政学院学报，2013（4）：113-117.

信息技术引发了第三次产业革命，使社会生产和消费从工业化转向自动化、智能化模式，劳动生产率再次大大提高。① 英国《经济学人》（2012）依据生产方式的根本性转变对工业革命进行了划分（见表6-1）。全球经济发展过程中，已发生了多次工业革命，但学者们并未就具体发生次数达成一致。比较认同的是工业革命发生的动力在于创新，而创新的源泉来自科技革命。一般将科技革命作为界定工业革命发生次数的标志，表6-2② 为代表人物所描述的工业革命概念和各自界定发生的次数。

表6-1　三次工业革命的技术支撑和典型生产系统及其生产模式

工业革命（次列）	新材料要素	新生产支撑技术设施	新生产工艺设备	典型生产系统	典型生产模式
第一次	熟铁	蒸汽轮、火车、铁路等	蒸汽机等	工厂制	机械化生产
第二次	钢铁	汽车、飞机、电话；交通网络等	生产流水线	福特模式 标准化、大规模、少品种；追求高效率低成本 丰田模式 采取与需求同步技术，制止过量生产，追求“零”库存	刚性生产 模块生产 大规模生产 标准化生产
第三次（新工业/产业革命）	材料复合化、纳米化、生物材料	新能源、远程通信、互联网络渗透、大数据、数字技术族群	3D打印机、工业机器人等	大规模定制 增强产品零件通用性、数字化、智能化实现定制生产，增加顾客可感知的外部多样性	柔性生产 生产网络化 移动制造 快速成型 可重构制造 社会化生产 智能制造

① 习近平．在2014年国际工程科技大会上《让工程科技造福人类、创造未来》的主旨演讲［R］. 2014-06-03.

② 王战，王振，阮青．新工业革命与上海的转型发展［M］．上海：上海社会科学院出版社，2014：301.

表 6-2　工业革命概念及发生次数界定

提出人	工业革命的概念	发生次数界定
杰里米·里夫金	每当新型通信技术与新型能源系统交汇之际就会引发新一轮工业革命	三次
约瑟夫·熊彼特	每次工业革命就是一次技术创新活动的高潮，每一个长周期都包括一次工业革命及其消化和吸收过程	四次
斯塔夫里阿诺斯	社会生产力表现出“进入自驱动的发展的起飞”的特征	二次
何传启	工业革命（或称产业革命）指的是“人类的生产方式和产业结构的巨大变化”	四次

关于新工业革命的论述，主要以杰里米·里夫金和保罗·麦基里等为代表。杰里米·里夫金认为，新工业革命是能源互联网与再生性能源结合导致人类生产生活、社会经济的重大变革，新工业革命迫在眉睫。保罗·麦基里认为，新工业革命的数字化，将带来制造模式的重大变革，大规模流水线制造的终结。上述论述主张技术进步推动生产方式变革，包含新能源技术和新通信技术的出现，新能源与新通信技术的融合，即“自工业化”的新工业革命。新产业（工业）革命将和前两次工业革命截然不同。新工业革命中，生产已进入“科业社会”的智能化数字化，这一轮新科技革命实质是新的产业革命，即“科业革命”。这场革命包括技术、政治组织、价值观念和社会关系等层面。①

我国学者芮明杰认为新工业革命的实质就是以数字制造技术、互联网技术和再生性能源技术的重大创新与融合为代表，从而导致工业、产业乃至社会发生重大变革，推动一批新兴产业诞生与发展，导致社会生产方式、制造模式和生产组织方式等方面变革，最终使人类进入生态和谐、绿色低碳、可

① 芮明杰．第三次工业革命与中国选择［M］．上海：上海辞书出版社，2013：31-49.

持续发展的社会。[①] 新工业革命特征：能源生产与使用将转向清洁“可再生”，生产方式将转向可重构的网络化、社会化生产新方式，制造模式将从削减式转变为叠加式的制造模式，生产组织方式将转向“分散生产、就近销售和使用共享”的新方式，生活方式将转向“网络共享、自给自足”的新的生活方式。[②] 帕克（Park，2003）认为当前正经历一场范式的转变。其中，模块化是新福特制的灵魂，大规模定制则是新经济时代新兴的生产方式。所谓大规模定制（Mass Customization）是指以接近大批量生产的成本和效率提供满足客户个性化需求的定制产品的过程和服务，这一生产方式有着以下特点：即以满足市场多样化需求为中心，产品的多样化和低成本并重，同时获取规模经济和范围经济。新工业革命进程中的信息和通信技术创新推动了新的技术和经济范式的发展，生产体系、金融体系、商业模式、创新系统和劳动力市场，甚至消费者的行为都在发生变化（见表6-3）。

表6-3　新范式与传统范式的比较

类别	传统范式	新范式
生产体系	福特制的规模生产方式 扩大工厂规模，获取规模经济 垂直整合 制度化的社会与技术分工 高度专业化	柔性生产方式 中小企业 集群、企业网络集体学习 柔性多样化
金融体系	政府严格监管 资本积累依赖于储蓄 商业银行借贷 政府金融支持	解除管制 风险资本
商业模式	厂商—批发商—零售商三级营销体系	电子商务 外包 合作和战略联盟

① 芮明杰．第三次工业革命的起源、实质与启示——芮明杰教授在复旦大学的讲演［N］．文汇报，2012-09-17.

② 杨上广．长三角经济空间组织的演化［M］．上海：上海人民出版社，2011：31-33.

续表

类别	传统范式	新范式
创新系统	独立研究与开发（R&D）活动 线性创新 企业导向	R&D 活动的交流协作 网络、区域创新系统 国家导向
劳动力市场	依赖于资历和等级 没有或很少的在岗培训 流动性低	依赖于能力和创造力 再教育和培训（功能上的柔性） 兼职和临时工作（数量和财务上的柔性）
消费者行为	标准化 追求内部规模经济	多样化、小批量的定制产品 追求范围经济

资料来源：汪明峰（2005）根据卡斯特尔斯（1996）、哈维（1990）和帕克（2003）等整理。转引自杨上广．长三角经济空间组织的演化［M］．上海：上海人民出版社，2011：33.

李扬认为新工业革命有三个主要特征：一是工业发展的绿色化，二是制造业和服务业高度融合，三是高度信息化。其实质是以制造业信息化为核心，内涵丰富、多层次，已经发生突破但仍处于演进中的整个工业系统的变革（黄群慧，2013）。国务院研究室郭克莎研究员认为新工业革命对工业文明的冲击还没有完全爆发。与第一次工业革命和第二次工业革命比较，新工业革命表现出来的主要特征还只是组织和结构的变革，真正能够影响工业化发展方向和人类文明进程的新技术、新科技、新产品、新方式尚未完全出现。①

6.1.2 新工业革命对产业发展的影响

在新工业革命的进程中，产业内部和产业之间呈现出组织变化新趋势。即产业边界模糊化，制造业和服务业将深度融合，网络经济与实体经济的相

① 邓洲．新工业革命与中国工业发展——“第二届中国工业发展论坛暨《中国工业发展报告2013》发布会”综述［J］．中国工业经济，2014（3）：70-79.

互融合日趋加深，产业边界限出现模糊化；企业内部组织结构扁平化，产业组织呈网络形态；互联网配置资源的方式影响着产业组织形式，产业集聚出现网络虚拟模式。[①] 吕铁指出，产业发展将依赖“叠加打印”、工业机器人、新材料、人工智能等技术融合的“技术簇群”支撑，出现数字化、网络化、智能化和个性化的趋势。

在新工业革命中，美欧等发达国家正在实行“再工业化[②]”战略。发达国家的“再工业化”，主要利用工业智能、互联网技术和科技创新推动制造业革命和产业转型升级，旨在继续成为新一轮产业全球分工体系中的控制者，主导世界制造业格局。传统“雁形理论”所推断的后发国家产业赶超路径可能被封堵，后发国家的产业升级在一定程度上将受到抑制。[③] 让新兴产业继续领先全球，进行产业化市场迅速扩张。未来世界制造业发展的趋势：是利用信息和网络技术改造传统制造业，使传统制造业变得更加信息化、节约能源、降低消耗、效率更高；先进制造技术应用于制造业（如 3D 打印），将催生出新的制造业，出现新的制造业形态和商业模式。[④] 我国产业创新的市场导向，激励机制与创新制度、知识产权保护等方面问题严重。新工业革命加快了制造业和服务业的深度融合，设计、开发、制造和使用由过去的“线性过程”发展为“一体化并行过程”，设计与制造将呈现同步的趋势，产业的界限日趋模糊化，用户参与研发和制造将越来越普遍，发达国家在高端服务业形成的领先优势，以及在高端人才和高端消费群体上的潜在优势将被释放并强化，而我国在这些方面与发达国家的差距可能加大。

新工业革命对产业发展也有机遇，不是简单的纳入全球分工体系、扩大

① 邹昭晞．北京市产业升级与协调发展研究［M］．北京：经济管理出版社，2014：146-147.

② 再工业化：一种刺激经济增长的政策，特别是通过政府的帮助来实现旧工业部门的复兴和现代化，并鼓励新兴工业部门增长。

③ Adner R. Match Your Innovation Strategy to your Innovation Ecosystem［J］. Harvard Business Review, 2006, 84（4）：95-97.

④ 张建华．美国复兴制造业对中国贸易的影响［M］．上海：上海人民出版社，2014：68.

出口的传统机遇，而是“倒逼”产业转型升级的新机遇。在新工业革命中，消费结构发生变化，个性化需求和定制化将替代传统的同质化需求，将迫使我国制造业总体发展战略必须从基于要素的低成本战略转向基于创新的差异化战略；同时，新工业革命催生新的制造系统，推动生产设备产业的发展，而这些产业的发展又会带动信息产业、新材料产业等新的产业部门的出现和增长，从而为中国战略性新兴产业的培育和发展创造机会；新工业革命为我国产业转型升级指明了方向，促进融入打造新工业革命时代的价值链。[①] 主要发达国家技术研发和产业发展的重点已经比较聚焦，高端装备、新能源汽车、新能源、电子信息、生物医药等产业的技术进步必定引领工业革命的发展，我国产业转型升级的重点也应该是这些领域。这一变革将是“优异、效率和智能化”，其中，智能化也被国外一些学者称为“工业 4. 0”。“工业 4. 0”的范畴包含智能工厂、工业网络系统、IT 系统、生产链的智慧控制等，在新的技术框架下，企业能够通过信息系统建立一个完整的网络系统，包括相互联结的智能机械、仓储系统、高效的产品设备等，这些设备可以独立自主地运作，或者互相交换信息、互相控制，并且通过嵌入式系统来监测生产环境。

为应对新工业革命，全球主要发达国家都积极投入资金发展新兴能源。美国出台了《未来能源安全蓝图》，从能源供给、能源消费和能源创新三方面提出对策；奥巴马签署《2009 年美国复兴与再投资法案》，发起的“能源新政”及绿色产业革命。欧洲作为全球绿色经济技术走在最前列的地区，将绿色能源发展作为重点列入作为欧洲长期发展纲要的《欧洲 2020》，计划到 2020 年把新能源和可再生能源在能源总体消耗中的比例提高到 20%，将生物燃料在交通能源消耗中所占比例提高到 10%。[②]《欧洲 2020》战略将发

① ［英］彼得·马什．新工业革命［M］．赛迪研究院专家组译．北京：中信出版社，2013：106-109.

② 王战，王振，阮青．新工业革命与上海的转型发展［M］．上海：上海社会科学院出版社，2014：31.

展可持续性增长作为三大重点领域之一，目标是重点发展能源高效型和更加绿色的战略性新兴产业，确定以低碳和网络经济发展为主的目标。

6.1.3 新工业革命对产业体系优化的影响

新工业革命是建立在互联网和新材料、新能源相结合基础上的新经济发展范式。它以新型通信技术、能源技术及对应的基础设施为基础，以“制造业数字化”为核心，带来产业组织模式的转变，使全球技术要素和市场要素配置方式和生产方式发生革命性变化。大规模生产转向大规模定制，刚性生产系统转向可重构制造系统，工厂化生产转向社会化生产。① 吕铁指出，在新工业革命进程中，我国制造业应实现由低附加值向高附加值、由粗放发展向精益制造、由低技术密集向高技术密集、由大规模生产向大规模定制的转型升级，提高在全球制造业产业链中的控制力。我国正处在产业变革和经济转型发展期，要融入全球创新体系和产业网络，培育先进制造技术的创新和产业主体；重视互联网产业融合发展，重视通过科技创新推动产业优化升级，推动产业可持续发展和产业竞争力的提升，推进产业高端化和高效化。芮明杰指出，产业高端的内涵包括三个纬度，即高级要素禀赋、高的价值链位势和高的价值链控制力。产业高效是指产业资源配置效率高，具有良好的经济和社会效益；产业高效的内涵包括高的产出效率、高的附加值和高的正向外部性，还有对就业的促进和产业链的带动作用等。②

6.1.4 新工业革命对长三角产业转型升级的影响

在新工业革命的背景下，长三角已经进入后工业化时代即服务经济时

① 中国社会科学院工业经济研究所课题组，吕铁．第三次工业革命与中国制造业的应对战略［J］. 学习与探索，2012（9）：93-98.

② 芮明杰．新一轮工业革命正在叩门，中国怎么办？［J］. 当代财经，2012（8）：9-10.

代，正处在产业结构调整的重要时期，要想在全球的产业分工中占据价值链的有利位势，就应该利用好新工业革命带来的契机。

6.1.4.1 促进产业价值链升级

新工业革命是我国产业转型升级的推动力，有利于促进产业的深入融合；有利于催生新的产业群和经济增长点；有利于加快传统产业的创新驱动和转型发展；有利于缓解日益趋紧的要素约束。新工业革命背景下长三角制造业转型升级的总体目标也应该是顺应制造业的变革趋势，瞄准能够引领未来新工业革命的新技术、新工艺、新生产方式，要判断出新的产业发展方向，积极应对新工业革命，创新研究以互联网为支撑的智能化大规模定制生产方式，集中力量重点突破可以突破的产业，优先发展。推进先进材料的产业化进程；结合“工业 4.0”研发智慧机器人；开发创新型的节能制造工艺，并完善长三角的制造业创新服务体系。

全球价值链本身是社会分工进一步深化的产物，由分工深化带来的收益显然存在于价值环节片段化和空间重组的进程中，分工深化带来的收益是全球价值链形成的主要源泉。① 在当前的国际分工格局中，发达国家主导了全球产业链的布局。发达国家的跨国公司拥有强劲的市场和技术垄断优势，成为全球产业链与价值链中的系统整合者，对其产业链上游、下游企业的活动进行较大力度的整合与协调，从而继续维持其在价值链的顶端位置。发达国家的跨国公司作为产业链的主导者，一方面通过分解工序将低附加值的环节转移到有比较优势的国家和地区生产，降低成本，同时，通过专利池、战略隔绝、品牌强化和零售市场并购等多种手段来提高设计、研发和营销等高附加值环节的进入壁垒，阻碍发展中国家企业进行功能升级和链条的升级，使本土企业被“俘获”或“锁定”于低附加值、低创新能力的微利化的产业链配套的加工环节，呈现一种“依附性的发展”。长三角要抓住新工业革命

① Humphrey J. and Schmitz H. How Does Insertion in Global Value Chains Affect Upgrading in Industrial Clusters? [J]. Regional Studies, 2002, 36 (9): 1020.

的机遇，发展先进制造业（技术含量高、以高新技术为核心、附加价值高、绿色低碳）、战略新兴产业。发展战略性新兴产业时，要优先发展关键技术上有可能突破的产业，以提升产业发展要素禀赋为重心，想方设法突破“俘获”或“锁定”；发展先进制造业应考虑是否具有价值链和产业链的控制力，是否主要依赖知识与智力资本，是否能够创造高附加价值，是否具备新比较优势来考量。

6.1.4.2 促进互联网产业融合创新

互联网发展越来越与经济、产业发展和社会生活密不可分。截至 2013 年，我国互联网网民 6.18 亿人，移动互联网用户超过 8 亿人，互联网在我国的渗透率已经超过 60%，互联网正从互联网消费向产业互联网转变，互联网对人们生活、产业变革和经济发展都产生深远的影响，对经济生产和社会生活起着革命性作用。在互联网影响下，整个社会的效率会极大地提升，并每年以数倍的方式发展，每个人都会得到互联网的增值服务。互联网发展带动了经济增长，并通过互联网的乘数效应①刺激经济发展。互联网正掀起新一轮的创新与变革浪潮，不仅将驱动互联网技术、产品、组织管理、商业模式、市场的全面创新，还会将继续引发互联网企业间以及互联网企业与传统企业间的竞争，催生新型业态。互联网、物联网、云计算、三网融合等新技术的出现，不但催生了新兴产业和虚拟化、网络化的企业形态，而且也在迅速改变着包括制造业在内的传统产业的发展路径和商业模式，网络宽带化、移动互联网、互联网智能化、传统行业互联网化等变革。互联网是信息平台、交易和生产控制平台、娱乐和社交平台。长三角要发展信息网络新型产业，进行产品技术提升、品牌价值提升等，推行现代服务业、先进制造业和互联网要深度融合战略。依靠信息技术促进制造业与现代生产性服务业的

① 乘数效应（Multiplier Effect）是一种宏观的经济效应，也是一种宏观经济控制手段，是指经济活动中某一变量的增减所引起的经济总量变化的连锁反应程度。互联网对产业变革的“乘数效应”，是指通过产业关联对产业渗透、组织融合以及循环和因果积累这种作用不断强化放大，产生连锁反应的带动作用。

发展，将信息技术作为新工业革命最基础的变革技术；积极推进长三角先进制造技术基础设施建设；借鉴日本“母工厂”做法，实现产业赶超路径；推进未来的产业规划和政策，强调用先进制造技术改造传统生产方式；打造长三角共性技术平台，具体包括战略共性技术、关键共性技术和基础共性技术等平台，适时建设以“发展共性技术、带动产业发展”为使命的工业技术研究机构。

6.1.4.3 促进战略新兴产业发展

长三角要加强在新能源、新材料、生物医药、信息网络、绿色经济、节能环保、低碳技术等领域的创新突破，加大科技投入，通过科技创新优化产业结构，创新产业和商业模式，创新立体产业分类体系（立体产业分类理论的核心内容为：引入了两类新的独立产业，即自然资源产业作为零次产业和由环境产业、高技术产业包括信息产业等组成的高次产业），促进可持续发展和提升国家竞争力。要构建现代产业发展新体系，发展战略性新兴产业，着力突破核心技术；大力发展生态经济和循环经济相关产业，促进全产业链整体升级；实施智慧制造工程，促进制造模式向数字化、网络化、智能化、服务化转变，构建智能模块化网络职能制造体系。

6.1.4.4 促进产业规制变革

政府对产业发展应实行负面清单“管理”，政府要让市场去选择产业，不应该用行政手段去选择产业，尤其在新工业革命的背景下。政府只要制定并维护市场规则的公平就行，其资源的配置问题应交给市场自我调节。要进一步改善制度环境与政策环境，大胆进行创新制度建设和知识产权制度改革，提升产业关键要素禀赋。政府为产业转型升级服务，但不应该也不能替代市场，更不能替代企业做创新决策和资源的行政配置。要围绕大规模定制化生产方式转型升级，进行新制造模式与商业模式创新。对某些外部性大的基础性制造业的创新发展要进行立法，如新能源、新材料、信息公路、通信、环境保护等，加大产业创新力度。在新工业革命的影响下，政府应引导企业主动嵌入全球产业链，增强供应链和价值链的控制力，① 以全球先进制造创新体系和产业网络，着力培育产业链“链主”和先进技术创新和产业化主体，积极引领产业创新发展，同时要围绕这个目标进行制度改革与政策设计。②

6.2 长三角产业转型升级影响要素

产业体系的转型升级受多因素影响，研究影响因素，有利于认识产业体系的产业规律变动的趋势，以及产业结构和产业体系演进的动因，可以为产业规制和转型升级演进提供理论依据。

6.2.1 能源匮乏影响

我国能源利用效率仅33%左右，特别是化工、冶金、建材这三大高耗能行业，产值不到整个工业总产值的20%，而能源消耗却超过工业用能总量的60%，这些行业的能耗水平比国际先进水平高出1.4倍。其主要原因是产业结构不合理。第二产业增加值占GDP的比重在50%左右，这相当于美国的近2倍，日本的1.5倍，工业能耗比重却高达70%。能源主要消耗在工业特别是制造业。耗能低的高新技术产业所占比重小，耗能高的传统产业所占比大。③

长三角地区经济发达，能源资源短缺，原油、煤炭、天然气等全部或绝

① Hatch J. Firms to pursue flexible strategy [J]. Supply Management, 2008, 13 (14): 28-32.

② 朱瑞博，刘云．第三次工业革命与上海新兴产业发展 [M]. 上海：上海人民出版社，2014: 88-97.

③ 叶连松．新型工业化与制造业发展 [M]. 北京：中国经济出版社，2009: 95.

大部分依赖外部来源。上海的一次能源几乎都依靠外部；浙江省能源自给率仅为3.7%，96.3%的能源资源依靠国内外市场；江苏省能源自给率也较低，随着能源消费总量增加，调入比重还将上升。长三角GDP占全国的1/5以上，能源消费总量占全国的1/6以上，“十五”和“十一五”期间，长三角能源消费弹性系数分别为0.78和0.56。长三角的经济发展对能源的依赖性很强，能源需求对外的依存度高，能源安全问题严重制约着长三角地区的产业发展、转型升级和经济社会的可持续发展，这种局面短期内难以根本改变。长三角两省一市节能减排，虽然取得了成效，能源消费增速有所减缓，但能源消费总量却继续增长。江浙的情况与上海大致相同，能源消费趋势有增无减。长三角地区16座城市经济发展速度与能源利用情况不匹配（见表6-4），存在严重能源浪费的问题。

表6-4 长三角城市经济发展速度与能源利用匹配情况

经济发展速度	快	慢	快	慢
能源利用效率	高	高	低	低
城市（地区）	上海 无锡 杭州 宁波	嘉兴 扬州 南通 台州	苏州 南京 常州 镇江	绍兴 舟山 湖州 泰州

长三角规模工业生产用能大部分为煤炭，风能、核能、太阳能等清洁能源比重都很低。在长三角未来的能源消费格局中，要调整与优化能源结构和能源消费变革；推动能源技术革命，带动产业升级。[①] 要积极、充分开发和利用清洁优质能源，如太阳能、风能、生物质能、地热能等可再生能源和替代能源，抑制不合理能源消费，建立多元供应体系；形成能源结构优化的激

① 王子龙，许箫迪．产业组织与技术创新研究论丛：装备产业生态位演化与测度研究［M］．北京：科学出版社，2011：24.

励机制。① 我国资源浪费仍然严重，能源综合利用率仅为32%左右，较国外先进水平低十多个百分点，万元GDP能耗比发达国家高4倍以上。长三角要根据地区特点，以绿色低碳为导向，分类推动产业创新、技术创新，在节能、环保和清洁能源等产业领域，同高新技术紧密结合，把节能贯穿于经济社会发展全过程和各领域，坚定调整产业结构，把能源技术及其关联产业培育成带动我国产业升级的新增长点。② 提高能源效率、节约能源和原材料、减少温室气体排放、实现可持续发展是世界趋势。③ 从2007年以来，美国制定的有关法案和能源规划（见表6-5），反复强调在制造业领域研发和推广节能减排技术。

表6-5 美国制造业节能减排的相关规定

类别	主要规定
为产品设定能耗指标	实现温室气体排放到2020年削减17%、2050年削减83%（与2005年相比）；为照明、家用或是商用家电设备、建筑制定了一系列的新节能标准
研发制造业能源效率技术	为先进制造能力开发能够提高工业能源效率的能源技术；2012财年预算为能源部的"工业技术计划"增加资金，以开发能够大幅度提高工业能源效率的先进制造技术
评估制造业能源效率技术	2012~2021财年，提供1000万美元资金建立可持续制造业计划、为制造商提供现场技术评估
大力推广节能减排技术	2012~2021财年，提供4亿美元在制造业领域推广降低能源密度的技术、工艺和产品；建立《ISO 50001能源管理标准》、中小制造商E3（经济、能源和环境）计划，帮助制造商提高能源效率

资料来源：转引自张建华．美国复兴制造业对中国贸易的影响［M］．上海：上海人民出版社，2014：69.

① 莫神星．长三角能源结构优化路径［N］．中国经济报，2010-06-02.

② 习近平．推动能源生产和消费革命［R］．中央财经领导小组第六次会议，2014-06-13.

③ 张建华．美国复兴制造业对中国贸易的影响［M］．上海：上海人民出版社，2014：69.

6.2.2 环境生态影响

环境生态要素对产业转型升级是一个外生变量，这与产业结构不合理、产业结构偏“重”、能耗基数高、增长方式粗放直接相关。长三角经济的持续高速发展，带来了环境生态的压力，经济转型和产业发展难以持续。长三角地区一次能源消费结构以煤为主，其中发电用煤占了很大比重；2010 年长三角地区仅电煤消耗量将达到 4 亿吨，煤炭的大量消耗所排放的 CO_2 和 SO_2 气体对大气环境污染严重，环境承载压力很大，短期内难以改变，严重制约产业体系的转型升级；我国工业排放的污染物超过世界发达国家的 10 倍以上。统计研究表明，环境污染、高碳排放主要与以制造业为主的产业结构相关，而出口贸易依存度（出口占 GDP 的比重）与 CO_2和 SO_2的排放有很高的相关性。[①] 因此，在经济发达的长三角地区，治污刻不容缓；长三角产业结构要优化升级，要建立产业结构调整及高能耗产业淘汰机制；必须严格控制高耗能、高污染产业过快增长，提高能源效率以降低排放；为产业的可持续发展营造良好的生态环境。[②]

长三角地区环境恶化的主要成因是煤炭消耗过多以及重工业污染企业造成的，一方面，节能减排的实施力度远不及工业企业污染物排放量增加的速度；另一方面，高额的环保成本也给相关企业带来沉重负担，在监管难以覆盖的条件下，企业宁愿选择污染而不选择治污的“趋利行为”。目前，经济和产业发展是资源和环境透支式的发展，[③] 因此要着力破解环境生态对长三角产业发展和转型升级可持续发展的影响，建立产业结构优化机制，进一步推动产业优化升级。必须要科学调整产业布局，按照循环经济要求，形成资

---

① 薛进军．低碳经济学［M］．北京：社会科学文献出版社，2011：15.

② 2013 年长三角进入污染高发期情况调查［R］．中国行业研究网，2013-05-08.

③ 范恒山，孙久文，陈宣庆等．中国区域协调发展研究［M］．北京：商务印书馆，2012：150-151.

源高效循环利用的产业链；[①] 严把高耗能行业准入关；加强节能减排的立法和执法；建立能源结构优化责任制。要从三个层面实现绿色经济转型：一是解决资源节约、污染治理、生态保护等绿色领域本身问题，二是发展新能源、节能环保技术、节能环保改造等绿色产业和绿色经济，三是将绿色发展的理念深入工业化、城市化的全过程中。[②]

6.2.3 金融体系变化影响

资金是重要的生产要素，是产业发展和转型升级的重要条件。资金在不同产业部门的投向偏好对产业结构有一定程度的影响。资金短缺是产业发展和体系优化升级的瓶颈之一；资金越短缺，越妨碍重工业、高新技术产业等有机构成较高的产业发展；这些决定着产业的基础、产业结构的选择和性质。资本积累对经济发展和产业结构调整也有重要的影响，一些经济发达国家由于资金供给相对充裕，一些深加工度、附加价值高的资金集约型产业发展迅速。因此，资金供给和金融体系的变化对产业体系转型升级既有促进作用又有制约作用。

我国的产业升级受制于一些关键因素，但在国际金融危机的影响下，这些关键因素作用的方式将复杂且深入。随着金融危机影响的加深，发达国家经济衰退明显，新兴产业发展困难，对传统产业保护有所加强，国际直接投资减缓；国际投资是产业转移的方式之一，金融危机使全球服务业产业转移更加困难。我国的产业升级在金融危机下面临的难题是，阻碍我国产业升级的结构性难题仍然存在，并且在国际金融危机的影响下加剧；在金融危机下发达国家的贸易保护主义对发展中国家的产业升级进行拦阻；宏观调控的短期效应对产业升级产生不利影响。在全球化背景下，一国的产业不可能在一

① 当代上海研究所．长江三角洲发展报告（2010）［M］．上海：上海人民出版社，2011：223.

② 金碚，黄群慧等．中国社会科学院工业经济研究所——学科前沿报告（2012~2013）［M］．北京：经济管理出版社，2013：13.

个封闭的体系下发展，我国经济和社会发展不可避免地受到世界经济周期变化的影响。金融危机对我国经济的直接负面影响是对外贸易下降、吸引外资减缓、经济增长放缓、失业增加及经济发展的信心受到打击（高斌，2009）。我国包括长三角地区产业升级是一个长期的战略任务，金融危机则是世界经济周期波动中的一个短期现象。但是如果应对不当，则有可能会使我国产业结构的缺陷进一步放大，需要对国际金融危机下的产业升级问题做系统的研究，探索合适的升级路径和举措。① 金融危机后，全球产业资本和金融资本发展进入了再平衡的阶段，② 这一再平衡的过程，对我国及长三角地区产业转型是契机。

6.2.4 市场需求和供给影响

需求是产业结构演进的推动力，需求结构的变化会引起产业结构的变化。从产业结构的角度来看，个人消费结构、中间需求与最终需求比例、消费与投资比例、投资结构对产业结构的影响更加突出；在某种程度上，需求对产业结构的影响比供给大。消费结构直接影响消费资料产业部门的构成，需求消费趋向多层次和多样化，使得第三产业比重不断上升，产业结构不断优化升级。③ 供给主要是生产要素的供给，包括劳动力要素、自然资源要素、资金要素以及技术要素。劳动力是最重要的生产要素，其供给结构对产业结构的高度化产生深远影响。劳动力数量过剩时，政府为实现充分就业会优先发展劳动集约型产业；当劳动力的质量较高时，就会发展技术集约型产业。原料品、中间投入品、零部件、进口品等商品对产业结构变动产生较大的影响。通常，后向关联系数越大的产品对产业结构的影响就越大；商品的

① 芮明杰，王子军．产业发展与结构转型研究：后金融危机时代上海先进制造业发展战略与政策［M］．上海：上海财经大学出版社，2012：58-59.

② 袁志刚．中国（上海）自由贸易试验区新战略研究［M］．上海：格致出版社，上海人民出版社，2013：9-10.

③ 魏农建，谷永芬．产业经济学［M］．上海：上海大学出版社，2008：127-128.

供应在很大程度上取决于基础和上游产业、后向关联产业的技术水平和产业发展水平。产业结构的高度化是在基础产业、上游产业或后向关联系数较大的产业得到发展以后，下游产业或前向关联系数较大的产业才能得到较快发展。从供给结构看，要调整产业间均衡关系和产业内均衡关系，建立以战略性新兴产业和现代服务业为主的现代产业体系。在转变发展方式的背景下，建立我国产业间的均衡关系，就是以战略性新兴产业和现代服务业的融合促进产业内部的均衡，建立以国内价值链为基点的产业治理关系。产业的均衡化和高度化，既表现为经济资源不断地流入高技术水平、高附加值、高生产率的产业部门，同时在不断地淘汰低附加值、低技术水平、高消耗和高污染的传统产业，也表现为产业内部的资源在市场信号驱动下通过竞争选择向效率高的企业集聚和集中的过程。供给结构调整可以用“加减乘除法”：加法，增进战略性新兴产业和现代服务业的发展，促进成为国民经济的支柱；减法，要逐步淘汰“三高一资”产业；乘法，要通过提高鼓励创新等措施，提升科技在发展中的贡献度，增加专利和核心技术的综合应用的带动效应；除法，通过法制化建设，推进市场公平治理的“负面清单”管理，从而形成产业结构转型升级推动机制。①

6.2.5 市场机制和产业政策影响

产业体系转型升级影响的重要因素包括市场机制和政府作用。经济发展本质上是技术和产业不断创新、结构不断变化的过程。产业外部性的存在意味着企业的产出不仅是一般投入要素的函数，而且是其所在地区产业或整个地区经济环境的函数。② 产业结构的变动模型，可以描述为：

$$S = f(\bar{a}, MF, IP, ER, PR, SR), \ \bar{a} = \psi(N, Y, F) \qquad (6-1)$$

① 刘志彪，郑江淮等．均衡中国：长三角发展新模式［M］. 北京：中国人民大学出版社，2014：15-16.

② 范剑勇．产业集聚与区域经济协调发展［M］. 北京：人民出版社，2013：147.

式（6-1）中，ā 为非制度安排；S 为产业结构，以比例表示；MF 为城市功能；IP 为产业政策；ER 为经济制度；PR 为政治制度；SR 为社会制度；N 为总人口；Y 为人均收入，以人均 GDP 表示；F 为净资本收入，以商品服务进口减出口表示。[①] 产业体系演变主要是市场机制和政府干预共同作用的结果，一种是由市场驱动的调节、引导机制，另一种是由政府推动的干预、调整机制。郭克莎指出，产业结构调整受到制度性问题的制约。[②] 从影响方式看，可以将产业结构变迁分为市场主导、政府主导型和共同作用型。政府倾向于通过扭曲实际的要素禀赋结构和需求结构使产业结构以非连式变动，试图实现“跳跃式”结构升级。不当的政府干预却使得产业结构与要素禀赋结构、需求结构之间的偏差加剧，长期结构升级无以为继。产业结构变迁的模式和路径不同，在于各国政府对工业化的干预程度和方式不同。产业结构变迁主要通过要素禀赋结构和市场两个核心变量，进而作用于产业结构和产业体系。

市场机制的核心是，在一个完善的自由竞争的市场体系下，要素市场上的价格能够反映真实的要素禀赋结构，从而基于比较优势的动态变化推动产业变迁，价格信号反映需求结构，需求结构的演进促进产业结构变迁。政府通过政策调整等适当的干预手段，促成价格机制和市场选择机制正常发挥作用，即往往会根据不同的发展战略和目标设定，通过一系列产业政策来调整要素禀赋结构和需求结构，进而推动工业结构朝着“合意”的方向变迁。政府干预产业结构变迁的程度和方式应取决于实施相关产业成本和收益。政府干预会导致价格机制失灵，使得产业结构的要素禀赋结构和需求结构产生偏差，并产生其他一系列负面影响；可能不利于产业结构的持续升级。在市场失灵（知识溢出和动态规模经济、协调成本、信息外部性等）的情况下，政府的参与在理论上具有提高社会整体福利的可能性，而且，出于发展战略

① 姚德文．产业结构优化升级的制度分析：以上海为例［M］．北京：经济科学出版社，2012：64.

② 唐晓云．产业升级：转移、深化还是其他？——基于技术和政策的跨国比较［M］．上海：复旦大学出版社，2013：10.

或其他非经济因素的考虑，政府对产业结构变迁的干预具有一定的必要性。因此，必须确立政府与市场之间的关系边界，政府应逐步改变竞争领域“进入过度”和公共产品领域“供给不足”的状况，从行政垄断产业有序退出，降低市场进入壁垒，缩小行政干预范围，着力弥补市场失灵，及时提供公共产品，依靠政府职能转变提升行政效率、改善交易环境，为现代服务业的发展提供空间和条件。政府通过产业规制，对产业结构进行调整和优化。地方政府区域产业政策，可以根据产业政策的类型分为区域产业结构政策、区域产业组织政策、区域产业技术政策和区域产业贸易政策等；区域产业结构政策主要为实现区域产业结构合理化和高度化而制定，通过选择和培育区域经济发展的支柱产业和主导产业，及时淘汰落后产业，支持战略新兴产业的发展，带动其他产业发展；① 通过提高区域产业素质，实现产业体系优化升级；通过调整区域内三次产业之间的结构和比例关系，形成区域相对合理的产业结构；区域产业结构政策是通过调整产业供给结构来达到区域产业结构优化的目的，因此，政府可以通过采取资源供给结构的调整政策，促进区域产业结构朝预定的方向变动。②

6.2.6 国际贸易和国际投资影响

随着经济全球化的深入，国外直接投资扩张的速度甚至超过了贸易增长的速度，国际贸易、国际投资、国际产业转移对一国产业结构变迁的影响力不断加强。而国际贸易和国际投资则是一国产业结构高度化进程中的外生动力，产业的国际流动事实上是资本的国际流动。③ 开放经济中，国际贸易和国际投资的发展，对一国国内需求结构和要素禀赋结构均会产生影响，从而

① 李江涛．转型与跨越：“十二五”时期提高我国产业竞争力研究［M］．北京：人民出版社，2011：112-113.

② 刘秉镰，杜传忠等．区域产业经济概论［M］．北京：经济科学出版社，2010：313-314.

③ 张万强，李世杰．打造世界级装备制造业基地——战略定位发展路径［M］．北京：中国经济出版社，2011：219.

影响产业结构的变迁轨迹，国际贸易和国际投资对一国产业结构高度化的推动，是通过影响该国的要素禀赋结构和需求结构来间接实现的。[①] 经济全球化则使得生产要素在国家间的流动更加自由化，用于国内生产的各种要素既可以来自国内也可以从国外引进，国际经济对一国要素禀赋结构的影响程度逐步加大。国际贸易和国际投资对产业结构的影响主要是通过国际比较利益机制实现，进而影响该国的产业结构高度化进程。出口对本国的相关产业起到推动的作用，国内稀缺资源的进口能够弥补相关产业的不足，各国间产品生产的相对优势变动会引起进出口结构变动，进而带动国内产业结构变动；当然，有些商品出口也可能会抑制本国某些产业的发展。[②]

国际投资包括本国资本的流出和国外资本的流入，对外投资会导致本国产业的对外转移，国外资本的流入则会使国外产业向国内转移。国外直接投资对国内产业结构的影响更为直接和深远；外资企业的技术创新和管理模式对一国的产业结构会产生间接影响。良好的国际贸易环境和国际投资政策，将有利于产业结构的升级，政府的不合理干涉或者不利的国际贸易环境将对产业结构的升级起到阻碍作用。区域内外的贸易与投资可以实现地区间比较利益，形成地区产业分工和协同的产业关联，促进区域产业结构和产业体系的转型升级。

6.2.7　区域产业一体化影响

产业一体化是指产业布局和结构的一体化，其标志是产业分工差异化和产业关联最大化。在一个经济区域内，如果产业结构和产业布局科学合理，各成员主体依据自身的禀赋实现分工互补、关联互动，存在自我调节和升级

① Sun H. Foreign Investment and Economic Development in China：1979-1996 [J]. London：Ashgate Publishing Limited，1998：6-8.

② 李悦等．产业经济学 [M]．北京：中国人民大学出版社，2008：875.

的内在机制，资源就能得到最优配置，从而推进产业一体化的发展。[①] 地区间的经济联系越紧密，产业的结构效应就越能发挥作用，越有利于地区产业结构的优化。[②] 长三角地区与邻近地区的“利益共同体”特征日趋明显，要把“非合作零和博弈”模式转变为“合作型正合博弈”的区域产业发展的协同多赢模式；把行政区单一化的管理模式转变为“行政区与经济协作区共治”产业规制模式，进一步促进产业合理分工和要素流动一体化，形成长三角产业协同发展的新体系。

① 刘秉镰，杜传忠等．区域产业经济概论［M］. 北京：经济科学出版社，2010：202.

② Sun H. Foreign Investment and Economic Development in China：1979-1996［J］. London：Ashgate Publishing Limited，1998：6-8.

7 案例分析：长三角制造业转型升级

7.1 长三角制造业现状和问题

随着经济全球化的进展，发达国家的劳动密集型产业（如纺织、服装、食品等），高能耗、高物耗、高污染的产业日益衰落，逐步转移到国外，特别是一些一般制造业向发展中国家和地区转移。从产业结构调整看，世界各国产业结构变化的总趋势是：农业比重下降，服务业比重上升；发达国家第二产业比重下降，发展中国家第二产业比重却上升，制造业出现全球化、绿色化、信息化、服务化的趋势，其生产组织方式从传统的大批量生产向柔性生产转变，综合应用模块化及标准化，主要发达国家已经进入后工业社会和信息化时代，产业结构发生重大变化，高新技术产业和服务业得到迅速发展，发达国家将继续把先进制造业作为经济增长的基础，以加快提高现代服务业水平。发达国家的先进制造业仍由跨国公司和企业集团主导，据统计，在 100 家大型跨国集团公司中，名列前 14 位的大都是制造业企业。这是因为制造业特别是装备制造业是经济发展的物质技术基础和重要载体，发达国家装备制造业正在向全面信息化方向前进，通过大力推进信息化与制造业融合，柔性制造系统、计算机集成系统正在不断地开发应用并向智能化制造方向发展，装备制造业普遍实现了信息化软件化、高附加值化，提高了生产效率，提升了制造业国际竞争力。[①]

与世界发达国家制造业相比，我国制造业结构不合理，严重趋同、产业层次低、在国际产业分工中处于价值链的最低端。[②] 产业组织结构布局分散，先进制造业占比低，专业化水平低，缺乏特色，区域产业分工模糊，产业内企业的竞争演化为恶性竞争，一定程度上造成资源浪费。[③] 制造业空间分布呈现“高密度化”趋势，以城市群或都市圈为主体支撑着我国制造业的发展；长三角、珠三角和京津冀成为制造业分布过度集中地区；[④] 生产企业多，企业规模小，生产集中度低，造成企业过度竞争、企业规模不经济，严重影响企业技术进步、企业资源有效利用、企业经营效率、行业利润率和国际竞争力；同时，产业区域结构趋同，重复建设严重，很容易形成地方保护和无序竞争。[⑤] 大型成套装备技术落后，几乎 100%的光纤制造设备、95%的精密设备和移动通信制造设备、90%以上的高档数控机床和加工中心、85%的集成电路芯片制造设备、80%的石油化工设备、70%的轿车制造和工艺装备要依靠进口，主要表现在制造业产业结构“偏轻”，机械电子制造业增加值占整个制造业的 33.62%左右，60%以上为轻工纺织制造业和资源加工业。发达国家的机械电子制造业增加值占比在 45%左右。数据表明，长三角制造业在国际制造业产业分工中处于世界产业链的低端。据调查，长三角地区生产最终产品的企业中，有超过 80%企业从事贴牌生产（OEM），只有 18.3%做原始设计制造商（ODM），在贴牌生产中外商利润占 90%以上。制造业增长主要靠劳动密集型和资本密集型产品来推动，使得长三角、珠三角等地区的产业可替代性较强。

---

① 叶连松．新型工业化与制造业发展［M］．北京：中国经济出版社，2009：6-7.

② 叶连松．新型工业化与制造业发展［M］．北京：中国经济出版社，2009：84.

③ 刘楷．中国区域工业结构调整与工业增长研究［M］．北京：经济管理出版社，2013：216.

④ 叶振宇．中国制造业集聚与空间分布不平衡研究——基于贸易开放的视角［M］．北京：经济管理出版社，2013：133.

⑤ 叶连松．新型工业化与制造业发展［M］．北京：中国经济出版社，2009：84-95.

我国制造业企业自身综合实力不足，限制了产品转型升级进程。制造业要满足更高层次的市场需求时，就必须在价值链其他环节积累足够的资源，尤其是足够的高端人力资源；主导全球价值链的跨国公司压制我国制造业产品层次的升级，导致我国制造业企业无法直接从低端升级到高端。[①] 叶檀指出，我国制造业需要专利与技术，如我国精密机床、机器人核心零部件，主要来自于德国、日本、以色列等国，需要自主创新来实现转型升级。20 世纪 80 年代初以来世界制造业发展和振兴的前提是技术创新，制造业的诞生和发展就是以技术创新作为推动力的。国家之间的经济竞争越来越集中到制造产业的控制力上，若以劳动生产率、产业获益程度、产业控制力等关键指标衡量，我国制造业与世界制造业强国之间还存在巨大差距。

葛建新（2004）认为，制造业是经济和产业的基础，是提升产业国际竞争力的核心。[②] 经济学家 A. Robinson 认为，制造业的发展是产业经济结构发生转变的根本原因。制造业有经济增长发动机的特殊属性，提供了经济持续进步的台阶，经济越发达，制造业越重要。根据卡尔多定律，与制造业的快速集聚增长和生产率增长相联系的制造业快速增长是内生于制造业产出的增长，集聚生产率增长与制造业产出和就业增长正相关。2009 年，我国制造业增加值占世界的比重已经上升到 22. 22%，美国则下降为 18. 41%，其后是日本的 10. 88%，德国的 5. 88%。2010 年，我国制造业产值位居“世界第一”，在全球制造业产值中的比重为 19. 8%。据中国工程院对我国制造业、装备制造业发展目标预测，2020 年制造业将增加 12. 4 万亿~13. 6 万亿元，年均增长率 6. 5%。现阶段我国制造业仍然以生产劳动密集型产品为主导，2010 年我国制造业从业人员接近 7000 万人，长三角地区制造业就业人数分布情况如表 7-1 所示。随着劳动力、土地、原材料等要素成本的上升以及人民币升值，我国制造业的综合成本已超过越南等新兴发展中国家，我国制造业核心板块的长

---

① 刘志彪，郑江淮等．均衡中国：长三角发展新模式［M］. 北京：中国人民大学出版社，2014：32.

② 张万强，李世杰．打造世界级装备制造业基地——战略定位发展路径［M］. 北京：中国经济出版社，2011：7.

三角和珠三角地区已经进入调整期，全球第四次制造业转移正在进行，同时日本制造企业正在回归本土建厂，美国启动“再工业化”,① 我国原有的本土配套企业专用性投资将遭受沉没损失，在缺乏自主创新技术的制约下，我国制造业不仅难以实现整体升级，面临着日益严重的“产业空洞化”。②

表 7-1　2000~2010 年长三角地区制造业就业人数及全国占比

区域	2000 年（万人）	2010 年（万人）	幅度（%）（±）
上海	153.64	228.47	48.70
江苏	399.89	923.38	130.91
浙江	228.37	605.12	164.97
长三角	781.9	1756.97	114.86
全国	3811.03	6660.3	74.76
（长三角/全国）	20.52%	26.38%	—

资料来源：根据 2000 年、2010 年国家、上海、江苏和浙江相关统计数据计算所得。

7.2　新工业革命影响下的制造业发展新趋势

在新工业革命的推动下，制造业在国家间的分工发生了变化，影响着全球制造业资源的配置，世界制造业发展的路径是以新技术、新产品和新工艺的开发促进制造业的发展，产业之间的关系和传统制造业发展路径发生了新的变化，出现了新的商务模式：以科研、设计带动制造，即以软件设计带动

① 张玉贵．制造业升级路径研究——基于上海的自主创新的视角［M］．上海：上海人民出版社，2012：1-2.

② 产业空洞化，即空心化，是一个国家或地区的新产业还没有得到发展，而已有产业处于衰退阶段，或者新的产业发展得不够充分，不能弥补已有产业衰退的影响，造成经济陷入不断下降甚至萎缩的现象。通用的产业空洞化是指，因经营资源规模的转移而发生的行业性或地区空白现象。其实质是产业结构弹性问题，在产业结构优化升级的过程中，如果新旧产业衔接不好，就会不同程度地出现产业空洞化现象。产业空洞化对经济的不良影响是广泛而深刻的。

或者整合硬件制造，以服务业带动制造业，制造业以服务业为中心，制造业的国家竞争力得以重构。3D 打印[①]等先进技术改变着传统制造业形态，在传统制造业生产中，采用“切削式”工艺，浪费许多原材料；而 3D 打印按照模型要求，“累计”制造，减少了原材料浪费。研究报告（Wohlers Associates，2012）指出，2011 年累计制造的复合年增长率为 29.4%，到 2015 年，AM 产品和服务的销售将达到 37 亿美元，到 2019 年将超过 65 亿美元。报告预测，价格在 5000 美元以下的机器，特别是 1000~2000 美元的个人 3D 打印机的销售将有突破性增长。3D 打印将可能出现以下趋势：一是传统的工厂式生产将部分变成家庭式、个体户式的生产；二是新的制造方式将促进制造商就地外包，制造商就会在自己周围建立起研发设计—生产—销售网络；三是消费者设计自己需要的产品。[②] 同时，受新工业革命的影响，制造业充满新机遇，麦肯锡（2012 年）指出，受需求转变和材料、工艺、信息技术和运营方面的创新推动，全球制造业将出现新的大幅增长。在新技术和新方法的创新应用基础上，如碳纤维和纳米技术，先进机器人技术和 3D 打印技术，以及能产生智能新形式的新信息技术，创新可能在制造产业创造出新的需求，并推动生产率进一步提高，这些都可能推动制造业生产方式的深度变革。

传统的制造技术与以计算机为核心的信息技术、现代管理技术相结合，创造出许多现代先进制造模式。主要有：柔性制造、精益生产、敏捷制造这些基于性能的制造模式；分形制造、全息制造、智能制造这些基于单元分散化的制造模式[③]；基于集成的制造模式有计算机集成制造和现代集

① 3D 打印，又称累计制造（Additive Manufacturing，AM），是 2010 年以来流行起来的一种制造新技术，它的广泛应用将改变制造业的传统形态。

② 张建华．美国复兴制造业对中国贸易的影响［M］．上海：上海人民出版社，2014：44-49.

③ 智能制造是在 20 世纪 80 年代末发展起来的，源于人工智能的研究。智能制造（Intelligent Manufacturing，IM）系统最初是由日本东京大学的 Hiroyuki Yoshikawa 于 1989 年率先提出的。对智能制造通用的一种定义是，智能制造是在制造工业的各个环节，以一种高度柔性与高度集成的方式，通过计算机来模拟人类专家的制造智能活动，对制造问题进行分析、判断、推理、构思和决策，旨在取代或延伸制造环境中人的部分脑力劳动；并对人类专家的制造智能进行收集、存储、完善、共享、继承和发展。智能制造包括智能制造技术（Intelligent Manufacturing Technology，IMT）和智能制造系统（Intelligent Manufacturing System，IMS）。

成制造。[①] 制造资源从以技术为中心向以知识、人员与组织为中心转变；组织结构从金字塔式的层级结构向扁平化的网络结构、虚拟组织转变；制造过程由按功能配置向按流程配置、由串行方式向并行方式转变；制造技术由传统制造技术向先进制造技术、信息技术、智能技术转变；由规模化生产向基于产业链、集群化、定制化和敏捷职能制造转变，由相对独立向协同服务制造转变。[②] 与传统制造模式所提倡的集中化、通用化、标准化、规模化等特征不同，新制造模式在技术上，实现了信息化、自动化与智能化跨越；在性能上，新制造模式追求柔性化、精益化、敏捷化、绿色化；在结构上新制造模式呈现单元化、集成化、网络化、虚拟化和生态化趋势。[③] 在互联网信息化的条件下，利用信息化手段实现“大规模定制”，这一新的生产方式正在加速形成。

（1）柔性制造和敏捷制造新趋势。制造业的生产过程和制造装备的自动化水平不断提高，促进了制造业生产运营能力和效率的提升，制造业的生产方式和流程不断优化。制造业的高效与柔性，满足了多品种、变批量的环境下保持高效生产的需求，加快了制造过程的复合化，实现了工序复合、工艺复合和功能扩展。制造技术的发展为柔性生产方式的形成提供了现实的技术基础。敏捷制造作为现代生产管理模式之一，是一种以柔性生产技术和动态组织为特点，采用网络技术，高度柔性化、无库存的生产组织方式，从而形成快速适应市场变化的社会化制造体系。与福特生产体系相比（见表 7-2），柔性生产方式的特点是生产组织模式可以根据需要低成本地灵活变换。

① 孙林岩．中国制造业发展战略管理研究［M］. 北京：清华大学出版社，2009：425.

② 孙理军，王燕玲，张琦．中国低技术制造的发展与创新研究［M］. 湖北：中国地质大学出版社，2010：164.

③ 王安民．先进制造模式中的组织系统技术研究［D］. 西安：西安电子科技大学博士论文，2007. 转引自孙林岩．中国制造业发展战略管理研究［M］. 北京：清华大学出版社，2009：425.

表 7-2 福特生产体系与柔性生产体系比较

类别	福特生产体系	柔性生产体系
技术	复杂；严格；使用标准化的零部件； 向新产品生产过渡时间长，耗资大	高度灵活的生产；使用单体组件； 转新产品相对容易
市场	需求的稳定性、统一性、可预测性	需求的不确定性、多样性、不可预测性
经济	以规模经济为基础	以范围经济为基础
生产过程	同类产品大批量生产	同类产品小批量生产
	统一性和标准化	差异性和弹性自动化
	大量缓冲库存	无库存或很少库存
	生产结束后进行质量测试（次品滞后发现）	生产过程中实施质量控制（次品立即发现）
	因为次品和库存瓶颈而造成生产时间的损失	损失时间减少
劳动力	通过工资控制来减少成本	通过长期的“干中学”来减少成本
	工人完成单一任务	工人完成多种任务； 工作专业化程度高
	没有或很少在职培训	长期在职培训
与供应商关系	大量存货堆积在工厂里以防供应的中断	即时生产要求，客户与供应商地理上接近
产量	大	小
产品种类	产品差异小，设计标准化	产品差异大，按客户要求定制
创新模式	突破性创新	渐进性创新
	创新与生产相分离	创新与生产相结合
	较少的过程创新	频繁的过程创新
	忽视客户的需求	满足客户的需求
	高成本，长周期	低成本，短周期
企业组织形式	垂直一体化	垂直分离
	大企业组织	网络化组织（动态协同）
竞争战略	价格竞争；规模经济；通过调整存货来 应付市场竞争	以产品和过程等创新 通过分散化来降低市场风险

资料来源：（日）大野耐一．丰田生产方式［M］．北京：中国铁道出版社，2006.

（2）智能制造和虚拟制造新趋势。通过采用互联网、工业智能和过程自动化监控等方式，提升生产工艺水准和自动化水平、克服时空限制，缩短了工艺技术准备周期、提高了资源利用效率，实现了生产过程自动化和优质高产、低耗、高效、多品种和变批量的要求，满足了客户的个性化、多样化需求。另外，智能制造成为制造业发展的新趋势。智能制造是一种由智能机器和“专家”组成的人机一体化系统，在制造过程中能进行诸如分析、推理、判断、构思和决策等智能活动。智能制造将人工智能融进产品设计、工艺过程设计、生产计划调度、工艺过程控制、制造和装配等环节，提高了制造系统各个环节的智能水平，使制造系统具有更高的柔性。在信息化条件下，企业的生产制造可以在满足顾客多样化、个性化需求的基础上，实现“大规模定制”，进而构建柔性化的智能制造。另外，可利用信息技术、仿真技术等对现实制造活动中的人、物、信息及制造过程进行全面的仿真，以提高产成品率，缩短产品开发周期，以降低成本、增强市场竞争力。

美国首次（1992）提出先进制造业概念，认为先进制造业是拥有先进制造技术的行业，将先进制造技术（AMT）定义为以计算机技术为基础的技术群，包括计算机辅助设计、机器人技术、管理能力、及时式生产技术以及制造资源计划等。主要包括产品创新、制造技术创新以及产业模式创新。数字化智能化技术是产品创新和制造技术创新的共性职能技术，改变了制造业的生产模式和产业形态，是新工业革命的核心技术。

先进制造业以高新技术为核心驱动，技术含量高、创新能力强；有知识密集型、创新密集型的特点；产业附加值高、经济效益好、服务功能全、带动性强；资源消耗低、环境污染少，低碳生态。① 产品一般具有主导市场的作用，能够占据全球化分工背景下的价值链高端环节，具有产业把控能力，从价值链的角度看，先进制造业位于价值链的关键环节。在新工业革命的推动下，智能制造正在兴起，智能化是制造企业先进生产力的技术基础和突出标志。② 针对我国制造企业面临的智能化进程现状，提高企业研发智能制造

① 芮明杰，王子军等．产业发展与结构转型研究：后金融危机时代上海先进制造业发展战略与政策［M］. 上海：上海财经大学出版社，2012：25.

② 孙林岩，杨才君，张颖．中国制造企业服务转型攻略［M］. 北京：清华大学出版社，2011：139.

的进程，合理应用智能制造系统与技术，是制造企业智能化生产进程中亟待解决的问题。

信息技术在制造业的研发设计、生产装备、企业管理、产品流通及营销渠道等各个环节的应用不断深化，制造技术和信息技术融合的步伐进一步加快。制造技术与信息技术的融合步伐也不断加快。研发设计技术集成化、虚拟化、多维化；生产装备技术集成化、智能化、精准化，生产装备在经历了刚性自动化阶段、单机数控加工阶段、柔性制造阶段、计算机集成制造（CIMS）阶段之后，正在向由智能机器和人类专家共同组成的一体化智能系统过渡。企业管理系统集成化、平台化、网络化。管理信息化正由基础管理信息化向综合管理信息化发展。综合物流技术无线化、网络化、自动化。自动识别（条码技术，RFID）、电子数据交换技术（EDI）、自动跟踪与定位（GPS、GIS）以及物流管理系统等成为物流信息化的重要支撑。发达国家的制造业正是通过制造业的融合发展，实现产业结构升级进而提升结构竞争力的。制造业与高技术的渗透融合是高技术作为一种手段和方式向制造业渗透，产生两个或多个产业的融合并形成新的产业的过程。以信息技术为代表的新工业革命对制造业的影响深远，为制造业实现产业升级提供平台和强大的动力支撑。传统制造业通过运用高新技术得到改造和提升，从而使制造业产品和生产方式发生革命性的变化。①

7.3　发达国家制造业转型升级模式借鉴

欧美国家在经济长期复苏战略下推进产业创新，自 2009 年以来，美国和欧洲部分国家都在产业规划中对制造业发展予以高度重视，制定了鼓励制

① 刘春芝，史建军．我国制造业产业集群升级的新制度经济学研究［M］．北京：人民出版社，2013：107-109.

造业投入和技术产业的计划，即“再工业化”① 战略。“再工业化”战略是欧美国家应对新一轮工业革命的国家战略。欧美政府的“再工业化”战略并非简单的再次工业化，而是把握新兴技术与生产模式变革的趋势，通过鼓励创新，促进新兴产业的发展。并通过政府补贴，帮助传统制造业降低成本，广泛采用新技术，促进传统产业的复兴，从而促进“再工业化”。以政府投资和激励政策为主要抓手的“再工业化”战略表明了政府直接干预制造业的可持续发展动力的意图，美国政府提出一系列支持计划（见表 7-3）。如 2009 年提出的“重振制造业”（Revitalizing Manufacturing）的框架机制是一个对于制造领域重大技术创新予以扶持以及人力资源培育的长期计划，该框架机制从理念的形成到相关法律法规和对策的推出，直至具体实施平台和基金运作，是具有操作性的推动制造业创新的计划。

表 7-3　美国重振制造业施政方案②

推出时间	名称	作用
2009 年 12 月	《重振美国制造业理论框架》（Aframework for Revitalizing American Manufacturing）	对“重振制造业战略”的合理性加以论证
2010 年 8 月	《2010 制造业促进法案》	将暂停或降低原料的进口关税；为保护制造业提供法律保障
2010 年 9 月	《创造美国就业及结束外移法案》	对回迁企业提供工资税减免；终止向外移企业提供免税和减税补贴
2011 年 6 月	《确保美国在先进制造业的领导地位报告》（Report to the President on Ensuring American Leadership in Advanced Manufacturing）	明确施政方针
2011 年 6 月	《先进制造业倡议》（Advanced Manufacturing Partnership）	为重振制造业，建立官产学研联合实施平台

① “再工业化”（Re-industrialization）指的是通过政府帮助、税收激励、借助现代化技术改造传统工业，鼓励新兴工业部门的增长，实现工业和工业社会的复兴。

② 王战，王振，阮青．新工业革命与上海的转型发展［M］．上海：上海社会科学院出版社，2014：29.

续表

推出时间	名称	作用
2011 年 12 月	国家计划办公室（National Program Office）	落实 AMP 意见，鉴定和投资能够带来高质量国内制造业和加强美国国际竞争力的新兴技术

美国政府并不担心中低端制造业的外迁，担心的是失去制造业的国际领导力和支配力。要保持这种能力唯有依靠先进的、知识技术密集型的制造业，包括以先进技术发展先进制造业和以先进技术改造传统制造业。美国发展先进制造业致力于建立一个全新的、超过现有世界水平的制造业结构，以保持美国在国际上独霸的产业竞争力。清洁能源产业（制造）是美国产业的重中之重，奥巴马提出到 2035 年，80%的电力将来源于清洁能源。清洁能源产业包括风能、太阳能、地热，电池和能源储备，智能电网和能源输送等；汽车产业是美国制造业的传统支柱，在使用信息技术、节能减排和驾驶安全的要求下，正在进行着产业转型；《复兴美国制造业框架》指出新兴的生物技术和纳米技术被认为能够为长期经济增长提供重要支撑，美国政府正在培育这些重要的前景领域。美国政府设有专门的国家材料基因组计划和国家纳米计划，汇集全国的科研力量以研发相关技术。同时美国还制定一系列的政策促进先进制造业的发展政策建议（见表 7-4）。[①]《确保美国先进制造业领导地位的总统报告》（2011 年）给出了原则性的先进制造业领域：使用信息技术和尖端科学技术的制造业。《捕捉国内先进制造业竞争优势的总统报告》（2012 年）中提到以下 11 个先进制造技术领域：先进的传感、测量和过程控制技术，先进材料的设计、合成与加工，可视化、信息学和数字制造技术，纳米制造，可持续制造，柔性电子制造，生物制造和生物信息学，累计制造，先进制造和测试设备，工业机器人，先进成型和合成制造。美国 2014 财年对科学和技术优先支持的领域有以下几个：先进制造（如机

① 张建华．美国复兴制造业对中国贸易的影响［M］．上海：上海人民出版社，2014：61-66.

器人、材料开发、累计制造），清洁能源，全球气候变迁，影响决策和管理的研究，信息技术（如大数据革命），纳米技术，生物技术，科学、技术、工程和数学教育，创新和商业化。美国政府及其决策咨询部门预测，随着科学发现和大量新技术的开发，将衍生出一些新的产业，出现能够改变现有产业形态的新技术，并逐渐产业化。美国制造业的发展思路是以技术创新为导

表 7-4 美国发展先进制造业的主要政策建议

	复兴美国制造业框架	先进制造业报告	先进制造业报告
制定部门	总统行政办公室	总统行政办公室 总统科学技术咨询委员会	总统行政办公室 总统科学技术咨询委员会
时间	2009 年	2011 年	2012 年
主要政策建议	整个教育系统必须提供工作和工业所需要的技能。 必须投资于基础研究、保护知识产权、推广新技术和商业经验。 为企业投资开发稳定的和有效率的资本市场。 帮助工业衰退社区和由此失业的工人转向一个更好的未来。 投资于先进的交通通信基础设施。 必须保证在美国制造的产品能够卖到其他国家并保证与外国生产者公平竞争。 为促进美国制造和不增加在美国制造产品的投资者负担。 必须在法律、税收和规则方面创造有竞争力的商业环境	实施先进制造业计划：协调联邦对学术的支持及有关新技术和设计方法的工业应用研究，公私合作促进前沿交叉技术的研发，开发和扩散能够大幅度减少企业制造产品的时间和降低制造产品障碍的设计方法，帮助中小企业共享设备和基础设施以改善其用于全球竞争的产品。 改善税收政策：改革公司收入税，实施与其他 OECD 国家一样的边际税率；永久延长 R&D 税收抵免并把信贷从 14%提高到 17%。 支持研究、教育和劳动力培训：实现公私投入 R&D 达到 GDP 3%的总体目标，强化科学、技术、工程和数学教育，扩大可能被美国公司雇用的高技能外国劳动力的数量	促进创新：建立国家先进制造业战略，增加高端前沿交叉技术的 R&D 投入，建立全国制造业创新机构网络，授权强化工业、大学先进制造业研究合作，为先进制造技术的商业化培育更加健康的环境，建立全国先进制造门户网站。 确保人才途径：纠正公众对制造业的错误观念，发挥作为人才池的退伍老兵的作用，投资社区大学提高教育水平，开发提供技能认证和资质证书的合作关系，强化先进制造大学项目，提供全国制造业奖学金和见习。 改善商业环境：实施税收改革，简化监管政策，改善贸易政策，修订能源政策

向，培养创新性人才，通过占领高科技制高点发展制造业；[①] 在产业升级过程中的引导手段更多地依靠市场手段，充分发挥知识创新的溢出效应，通过市场竞争来推动制造企业的发展。

另外，德国、日本、韩国制造业转型模式也值得借鉴。德国采用的是专业驱动转型模式，德国制造业的优势在于执行严格的工艺规范，造就其产品的高质量、高可靠性。为保证生产出高质量的产品，德国制造业除了建立完善的质量控制体系；还有一个重要的因素是德国拥有一套完善推动制造业升级，专业化生产和具有国际竞争优势的职业培训体系。同时，积极推行生产专业化战略，通过各种专业化生产形式，深入特定的生产领域，细分市场建立优势；将可持续发展作为产业发展的重要目标，提高产品品质工艺，从源头杜绝污染和破坏生态环境等方面提出更高要求。日本采用的是精益驱动转型模式，20 世纪 80 年代末，日本企业在机械电子、超级计算机、化工、消费电子、汽车制造、造船等多个产业领域，成为世界领袖。然而，从 20 世纪 90 年代开始，日本的经济出现了长期的衰退，其间制造业的发展也进入低谷。之后，制造业虽然大量转移，但通过企业重组和技术重组，日本仍然在许多方面保持着优势，其现场制作生产率现在仍然名列世界第一，综合竞争力仅次于美国，居世界第二。日本推行的是以精益生产为核心，重视管理人才培养，实现大规模、低成本生产的发展策略；主张通过政府干预、用产业政策来引导和鼓励高新技术产业发展；其制造业走的是“引进—消化吸收—再创新”的技术路线，形成技术的后发优势。韩国采用的是能力驱动、政府—财团主导的发展模式，强调研发服务活动以人力资本为载体，靠自我力量提高吸收能力，注重对制造业的世界领先设计能力的培育，实现产业结构和技术结构的升级；其制造业已经达到世界发达国家水平。[②] 从上述分析

① Yamashita N. The Impact of Foreign Outsourcing on Wage Inequality in US Manufacturing [J]. New Evidence, Economics Letters, 2010 (107): 1.

② 芮明杰，王子军等．产业发展与结构转型研究：后金融危机时代上海先进制造业发展战略与政策 [M]. 上海：上海财经大学出版社，2012：19-22.

得知，制造业发展模式各有优势，各个国家制造业的转型发展过程存在很大差异；制造业成功转型升级是创新能力的高低决定的，政府及时有效的政策扶持和引导可以加速转型升级的速度；同时必须注重培养和使用人才，着力培育企业的核心竞争力，使其成为价值链的治理者。

7.4 长三角制造业转型升级路径

7.4.1 自主创新转型升级路径

产品层次提升本质是一个制造业企业创新的过程，从长三角制造业现实的创新能力分析，自主创新应当成为长三角制造业提升产品层次的主要途径。因为长三角具备自主创新的条件，长三角以国际代工承接国际产业转移，接受国际技术外溢，其技术水平居于全国前列；同时长三角地区拥有大量科研院所和高等学校，制造业配套体系完善，保证了长三角制造业具备较强的自主创新能力。但是，长三角制造业研发投入还不足、技术人员水平还不高，还没有处于国际技术水平前沿，从而约束着自主创新。在转型升级过程中，要不断突破这些约束条件，提高技术成果的消化吸收与集成创新能力、基础科学研究，并注重产业化能力、智力资本质量与数量的积累；提高先进制造业的附加值，增强关键环节的竞争优势，促进先进制造业与高新技术发展的协同发展、生产性服务业与相关产业的支持、产业生态环境与国家创新系统，发挥高新技术产业化后的先导性作用和产业价值链的控制力；在全球化和开放的背景下，利用好全球性资源，发展处于价值链高端的产业，建立现代产业体系；通过科学的发展模式提升长三角在国际分工体系中的地位，从而实现自主创新的转型升级。①

7.4.2 产业链和价值链融合提升路径

全球制造业价值链，具有强大创意设计、研发、营销能力的厂商处于价值链的上游，它们是全球价值链的实际“治理者”，获得了产业价值最大的一块，而下游则是一群为上游厂商代工、高度同质化的制造商，只能拼命压低成本，在大规模生产中获得微薄的加工利润；处于价值链低端的制造业想要转型升级，必须要根据所禀赋的资源和竞争优势，或通过技术、产品创新，走价值链增值路线才能在全球价值链的流动过程中占据高位区，迈向“微笑曲线”的左端，获得价值链控制力。向价值链右端转移的路径核心是，实施品牌战略和营销网络服务提升战略。营销网络控制战略的实现可以调动和利用全球生产制造技术、研发能力为市场提供产品和服务，发展自身品牌，获取增值利润。同时，推进制造业绿色产业链改造和全程治理，将节能、环保以及资源循环利用相关的服务产业作为产业发展的重点，推进绿色产业链的整体布局由传统的末端污染治理转向集资源开发、清洁生产、综合利用与回收及污染治理于一体的全程治理。②

因此，长三角制造业要转型升级应根据地区的比较优势，选择优势制造业进行全产业链发展；也可以选择价值链的优势环节进行转型升级发展，提高技术和研发的创新能力，向价值链左端转移，走高技术增值路线。发达国家和跨国大型企业特别注重高技术、高附加值的产品和技术创新。长三角的代工企业转型，关键是培育自主创新能力，在研发设计方面加大投入力度、

① 刘志彪，郑江淮等. 均衡中国：长三角发展新模式［M］. 北京：中国人民大学出版社，2014：43-44.

② 芮明杰，刘明宇，胡军等. 产业发展与结构转型研究：战略性新兴产业——上海自主创新网络与公共服务体系配套研究［M］. 上海：上海财经大学出版社，2014：81-82.

制定技术创新规划、培养研发设计人才，进行长期积累。同时，政府应制定鼓励创新的政策、保护知识产权，营造鼓励创新的环境。

7.4.3 供应链服务驱动的价值链引导路径

以供应链服务驱动改造传统制造业，使之成为先进制造业，关键是要控制产品价值链。长三角制造业应该通过技术进步与自主创新，抓住制造环节中的技术关键环节，使自己向产业价值链的两端转移，提升价值增值空间，提升在产业价值链上的控制力和影响力。在着力推动钢铁、有色、石化、汽车、纺织等传统制造业向价值链高端延伸的同时，以高新技术为核心，用数字化制造技术、智能制造技术和全球网络智能服务等推动传统制造业结构升级和发展方式的转型。一部分劳动密集型制造业进行梯度转移，从而使传统制造业区域对接转型；新兴制造业真正掌握关键技术的内涵发展，这样，长三角的制造业就能同制造业强国拼实力，就能在技术上后发先至，实现制造业跨越发展。①

7.4.4 促进先进制造业发展路径

新兴高技术产业要成为先进制造业，应该直接进入产业价值链的高端，并不断通过自主创新推动技术进步，使技术成果尽快产业化，从而使之持续处于该产业的领先地位。长三角推进高新技术产业化发展的重点领域建议：新能源、电子信息制造业、民用航空制造业、生物医药、先进重大装备、新能源汽车、海洋工程装备、新材料、软件和信息服务业等。发展先进制造业必须实现可持续发展，推进循环经济，符合低碳经济发展的要求；低碳经济

① 芮明杰，王子军等．产业发展与结构转型研究：后金融危机时代上海先进制造业发展战略与政策［M］．上海：上海财经大学出版社，2012：27-31.

时代是一种约束，不但影响产业的兴衰，而且影响生产方式的转变，产业生态和谐是先进制造业的特征。

7.4.5 制造业与服务业融合发展路径

生产性服务业的创新，产生积极的知识和技术外溢效应，提高创新效率，推动了制造业的转型升级；当今出现制造业和服务业融合发展的态势，制造业出现服务化趋势。[①] 现代生产性服务业是制造业中间投入的重要组成部分，并延伸到售后服务，提高制造业的产出价值和运行效率。生产性服务化是产业分工的结果，新兴生产性服务业不断涌现，而作为一种新的商品形态的产品服务系统正是产业分工深化的一种新形态。产品服务系统融合了有形的产品和无形的服务，它具有成本“弱增性”，即由一个企业生产和提供产品服务系统的成本小于多个企业分别生产同等数量产品成本之和。[②] 产品服务系统的成本“弱增性”的特性，使拥有知识资产的制造企业具有范围经济的特征，企业具有不断拓展服务业务的内在动力，并通过纵向一体化构建新的竞争优势，不断推动制造企业的服务化转型。

制造业与服务业的延伸融合是通过产业的功能互补和延伸实现产业间的融合。通过融合赋予制造业新的附加功能和更强的竞争力，形成融合型的产业体系。从价值链分析，制造业竞争力的提高越来越需要研究与开发、营销网络体系的建立与完善，以及信息、科技咨询与服务业的发展来提高获取与处理信息的能力；另外，服务业尤其是金融、信息网络、工程服务等新型服务业的发展，为制造业的发展提供了新的市场空间。制造业的用户需求日益呈现出多样化、分散化和个性化趋势。据德勤公司对 80 家制造企

① Mathieu V. Service Strategies within the Manufacturing Sector [J]. International Journal of Service Industry Management, 2001 (3): 456-458.

② 安筱鹏. 制造业服务化路线图：机理、模式与选择 [M]. 北京：商务印书馆，2012：54.

业的调查，在从事制造业的跨国公司中，服务收入占比大幅提升，有的达到50%以上。[①]

服务型制造是制造与服务相融合的产业形态，是新的商业模式和生产组织方式。由追求利润最大化到满足顾客价值为标志的企业行为模式的转变。服务型制造典型的网络协作关系包括：基于产品交易便捷化的增值服务，如多元化的融资租赁，精准化的供应链管理，便捷化的电子商务；[②] 基于产品整合的增值服务，如一体化的成套安装解决方案，集成化的专业运营等生产服务新型网络合作关系；进一步促进不同主体之间自发形成新的生产组织，即服务型制造系统。

服务型制造模式的实施是摆脱同质化竞争、实现差异化—非价格竞争的途径，是对传统的制造产业链的生产组织方式的重新再造和优化。服务型制造模式帮助企业正确选择自身在服务型制造网络中的定位，从而与网络中的节点企业进行快速高效的生产协作，提高快速反应能力和生产制造效率。有助于企业的价值创造方式升级，从资源的角度来看，传统的制造企业在向服务领域延伸的过程中，通过对生产制造资源、服务资源和顾客资源进行充分利用和整合，从而达到生产成本和交易成本的节约，实现规模经济、范围经济和协同经济，创造出更大的价值。[③] 从企业角色的角度看，制造企业的业务重心由产品向服务转移。传统制造企业与服务型制造企业的模式和战略理念有比较大的区别（见表7-5）。[④]

---

① 安筱鹏．制造业服务化路线图：机理、模式与选择［M］．北京：商务印书馆，2012：247.

② Hatch J. Firms to Pursue Flexible Strategy［J］. Supply Management，2008，13（14）. 28-32.

③ Yamashita N. The Impact of Foreign Outsourcing on Wage Inequality in US Manufacturing［J］. New Evidence，Economics Letters，2010（107）：1.

④ 孙林岩，杨才君，张颖．中国制造企业服务转型攻略［M］．北京：清华大学出版社，2011：17-24.

表 7-5 传统制造业与服务型制造业的模式与战略理念比较

模式与战略理念	传统制造业	服务型制造业
价值实现模式	通过实体产品的制造实现价值增值，较少关注服务差异化	强调提供服务内涵的产品并依托产品服务，为顾客提供整体解决方案
作业方式/模式	只关注产品制造，有价值的生产性服务环节很少涉及	强调客户，通过有效挖掘服务制造链上需求，实现个性化生产和服务
组织模式	关注产品及其相关的服务，很少关注不同主体之间的服务关系	关注不同类型主体通过价值感知，主动参与服务型制造网络的协作，形成动态结构的服务型制造系统
运作模式	追求完全控制，注重对终端客户的服务，忽略企业单元的动态互动、自发聚集和协同，属于被动性服务	强调主动性服务，展开针对性服务。企业间主动实现为上下游客户提供生产性服务和服务性生产，协同创造价值
战略管理理念	产品，占有市场，利润扩大	实现用户的价值最大化
战略价值理念	“利润最大化”是企业目标	实现企业价值系统的共同价值，提供全面服务，使得顾客价值最大化
战略文化理念	利润最大化，获取企业利益，增加企业价值	以客户需求为导向，加速价值链循环，实现顾客与企业价值最大化

8 长三角产业转型升级的目标模式

8.1 长三角现代产业体系模式

长三角制造业发达，科技力量强，高新技术产业多，金融、贸易、三资企业多，产业外向度大，产业门类齐全，教育科技与旅游产业发达，是我国经济最发达的区域。长三角发展对三次产业整合优化提出了更高的要求，其三次产业应向更高、更新、更优的方向发展。长三角地区存在着明显的发展梯次，上海 GDP、从业人员第三产业比例均占第一位，第三产业发展突出，江苏、浙江 GDP 第二产业比例均占第一位，第二产业发展强劲。目前，长三角总体产业结构呈现“二三一”形态。[①] 有待根据长三角区域经济发展和产业转型升级情况进行调整。

长三角地区可参照钱纳里和赛尔奎因等倡导的标准产业结构（1980 年，美元）来调整本地区的产业结构，这一标准产业结构能够反映产业结构变动的一般规律，从而确定长三角产业结构变动基本参照系（见表 8-1）。

---

① 贾晓峰，王家新等．长三角产业结构研究［M］．北京：经济科学出版社，2011：139.

表 8-1　钱纳里和赛尔奎因的标准产业结构

发展阶段	人均 GDP（美元）	第一产业比重（%）	第二产业比重（%）	第三产业比重（%）
前工业化阶段	300	39.4	28.2	32.4
工业化初级阶段	500	31.7	33.4	34.6
工业化中级阶段	1000	22.8	39.2	37.8
工业化高级阶段	2000	15.4	43.4	41.2
后工业化阶段	4000	9.7	45.6	44.7

据《第一财经日报》报道：2012 年，继上海（2008 年，人均 GDP 10529 美元）之后，浙江、江苏人均 GDP 突破 10000 美元大关。按照世界银行的衡量标准，人均 GDP 超过 10000 美元是公认的从发展中状态进入发达状态的标线，因此长三角地区整体进入“发达状态”。[①] 长三角要结合钱纳里和赛尔奎因等倡导的标准产业结构，参照产业转型升级驱动模型（见图 8-1）[②]，致力于打造“三二一”的现代产业结构体系。

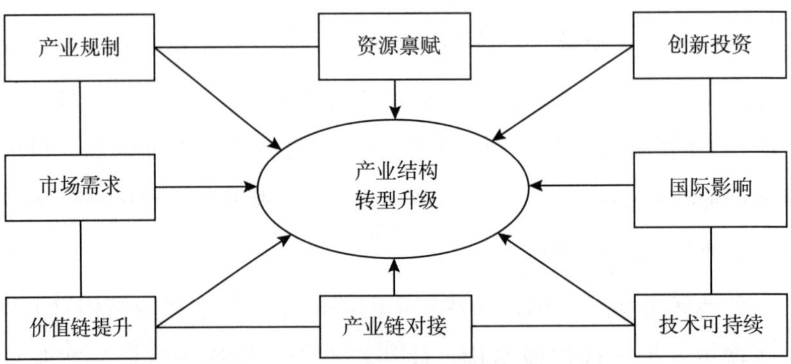

图 8-1　产业转型升级驱动模型

① http：//changsanjiao. stnn. cc.

② 唐德森. 产业结构转型升级的路径选择——基于长三角区域分析［J］. 兰州学刊，2014（7）：171-174.

发展“三二一”的现代产业结构体系总体思路是：以高新技术为依托，改造传统产业，促进传统产业由主要依靠资源消耗向创新驱动和信息化转变、一般制造加工向高端制造转变、制造环节为主向研发生产营销并举转变、产品竞争向品牌竞争转变、粗放式经营向集约化经营转变。[①] 加快传统产业的创新驱动和转型升级，为传统产业的转型和发展注入新的动力，同时，新工业革命催生一批新兴产业，新技术、新工艺将大量应用于传统产业，激活传统产业改造升级的内生动力；传统产业基本上属于劳动密集型产业，主要包括轻工、纺织、机械等行业，这些产业的经济效益较差，专业分工差，低水平重复建设严重；控制低水平、非规模经济的传统产业重复建设；要制定鼓励对传统产业技术投入的政策，大力发展高新技术产业，高新技术产业具有知识和技术密集度高、对环境污染少、前后关联度大和附加值高的特点；通过产业之间的相互关联来提升传统产业的竞争力，使先进的科研成果向传统产业溢出；加快发展高新技术产业是转变经济增长模式、实现产业结构优化升级的重要途径；运用高新技术和先进适用技术改造提升传统产业，促进经济增长由主要依靠增加物质资源消耗向主要依靠科技进步、提高劳动者素质和管理创新转变，建设高新技术产业集群，以提高规模经济效益、生态效益、科技效益、科学管理以及产业结构优化效益。大力推进信息化与工业化融合，以信息化带动工业化，以工业化促进信息化，增强信息科技自主创新能力，是提升产业国际竞争力的核心。[②] 加快发展第三产业，提高第三产业的附加值，以商业、交通仓储、居民服务等传统产业为基础，以信息服务业为主导，积极发展金融、旅游、房地产等行业，通过刺激新的需求寻求产业发展的新动力，同时努力提高劳动生产率，针对各地实际采取差异化的政策措施，大力促进第三产业发展。

同时，要加强基础产业发展，培育新兴产业，突出主导产业。主导产业

---

① 程惠芳，唐辉亮，陈超．开放条件下中国经济转型升级动态能力报告［M］. 北京：科学出版社，2012：221.

② 叶连松．新型工业化与制造业发展［M］. 北京：中国经济出版社，2009：149-151.

和新兴产业的成熟和发展，可以为基础产业注入新的技术和装备。加大对交通、能源、原材料等基础关键产业的扶植力度；把技术进步快、对经济拉动作用大、劳动生产率高的产业部门作为主导产业，加大投入和政策倾斜力度，以期带动其他产业部门和经济系统整体的发展；要大力发展新兴产业，主要包括电子、新材料、信息、性能源、海洋、生物、互联网等新技术的发展及随其发展起来的新兴产业部门：推进新技术形成产业化，用高新技术改造传统产业形成新产业。加强产业的自主开发和创新能力，提高技术进步的产业贡献率，全面提高产业技术素质。① 全面构建长三角产业结构转型升级未来的路径模式（见图 8-2）。

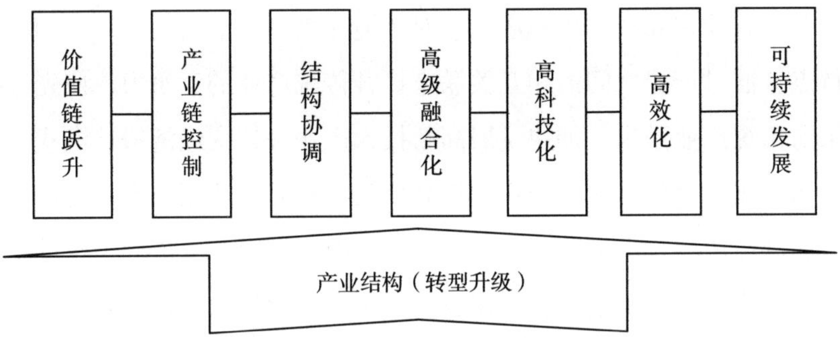

图 8-2　长三角产业结构转型升级未来的路径模式

8.2　长三角主导产业发展模式

长三角主导产业是在经济增长中起主导和带动作用的产业，具有生产规模大、产品产出率高、与区域内其他产业的关联效应强、能够通过“三向”

① 范德成，王晓辉．中国产业结构的动态投入产出模型分析［M］．北京：科学出版社，2011：128.

关联带动区域相关产业的发展等特点，对长三角经济发展和产业转型升级产生积极推动作用。[①] 主导产业随着经济的产业发展阶段的转变而更替；主导部门的更替序列不是任意的，而是具有技术的、经济的内在逻辑，呈现出有序的方向性；主导产业这种有序演进表现为产业结构高级化过程；以创新为核心的主导部门的更迭正是产业结构高级化的作用机制，推动新的主导产业形成。[②] 长三角主导产业选择的主要依据是产业关联度、需求收入弹性、生产率上升率（某一产业的要素生产率与其他产业的要素生产率之比，通常用全要素生产率 TFP 进行比较）、[③] 技术密集度、就业率和可持续发展等。[④]

长三角主导产业模式：现代先进制造业（包括汽车、船舶等）、高新技术产业、现代服务业、新一代信息技术产业、生物医药产业、现代物流业等都具有很强的带动效应和产业关联效应的产业。

8.3 长三角战略新兴产业发展模式

8.3.1 长三角战略新兴产业的选择依据

根据战略契合度[⑤]原则，结合国家国家中长期科技发展规划和国家产业

① 收入弹性基准是指在国际和国内市场上，某种产品的需求增长率与国民收入增长率之比，它表明产品的产品需求增长对收入增长的敏感程度。收入弹性大于 1 的产品和行业，其增长速度将高于国民收入的增长速度；收入弹性小于 1 的产品和行业，增长速度低于国民收入的增长速度。

② 生产率上升率基准即比较技术进步率基准。

③ 全要素生产率是指“生产活动在一定时间内的效率”。是衡量单位总投入的总产量的生产率指标。即总产量与全部要素投入量之比。全要素生产率的增长率常常被视为科技进步的指标。全要素生产率的来源包括技术进步、组织创新、专业化和生产创新等。产出增长率超出要素投入增长率的部分为全要素生产率（TFP，也称总和要素生产率）增长率。

④ 张辉．中国经济增长的产业结构效应和驱动机制［M］．北京：北京大学出版社，2013：285-287.

⑤ 所谓战略契合度是指所选择产业与国家和区域发展战略契合的程度。

发展规划等国家科技、产业发展的总体部署，长三角区域发展规划、两省一市发展规划，筛选已经被国家确定为战略产业，同时在长三角区域也被确立为重要产业，或在长三角区域具有发展基础和发展可能的产业，作为长三角战略新兴产业；根据分别反映产业在区域和全国的地位及专业化程度的产业区域重要度和产业全国重要度指标来选择，把既有高区域重要度，又有高全国重要度的产业作为备选的区域战略新兴产业；根据产业竞争力来选择，用产业在全国的竞争地位衡量产业的竞争能力或区位优势，并通过区位商RCA[①] 和产业区域的强度系数 F[②] 确定产业在全国的竞争地位，选择具有全国竞争优势的若干产业作为区域战略产业的备选产业。战略产业选择指标体系的基本构架如表 8-2 所示。还可以用产业带动性[③]、产业成长性（收入弹性是反映产业成长性及发展趋势的重要指标，只有收入弹性高的产业才能不断扩大它的市场占有率），同时要关注具有未来潜力的产业、新技术的发展等重要因素，科学选择长三角的战略新兴产业。[④] 长三角地区的产业转型升级是在新一轮工业革命和经济全球化的背景下进行的，既要实现区域可持续发展、竞争优势产业支撑，战略性新兴产业的培育发展，同时又要推动区域经济增长和产业转型升级。构建长三角战略新兴产业模式，要打破长三角产业发展被固化在价值链低端的困境，积极参与国际产业链分工，提高产业全球竞争力，推动长三角产业发展对接国家产业链，并向全球价值链高端攀升。[⑤] 长三角应该瞄准世界科学技术发展的前沿，结合“战略新兴产业发展前景—动力—速度分析”逻辑（见表 8-3）来确定战略新兴产业的发展规划。

---

① 区位商 RCA 是指某产业产值占该省所有产业总产值的比例除以全国该产业总产值占全国所有产业总产值的比例。

② 区域的强度系数 F 是指某区域某一产业产值占该产业全国总产值的比例除以平均强度，这里取平均强度为 1/N（N 为研究的整体空间中区域的个数）。

③ 产业带动性也称为产业关联效应或连锁效应，是指某一产业投入产出关系的变动对其他产业投入产出水平的影响。

④ 张玉臣．长三角地区协同创新研究［M］. 北京：化学工业出版社，2009：111-112.

⑤ 刘志彪，郑江淮等．均衡中国：长三角发展新模式［M］. 北京：中国人民大学出版社，2014：89.

表 8-2 战略产业选择指标体系构架

指标名称	二级指标	计算参数或依据	计算或确定方法
战略契合度	—	国家及两省一市经济科技发展规划	四个规划中定性确定
产业重要度	产业区域重要度	省市某一产业产值/省市所有产业产值	据统计文献计算
	产业全国重要度	省市某一产业产值/全国该产业产值	据统计文献计算
产业竞争力	区位熵 RCA	一省某产业产值/该省所有产业总产值全国该产业总产值/全国所有产业总产值	据统计文献计算
	强度系数 F	一省某产业产值/该产业全国总产值 1/N（N 为省的个数）	据统计文献计算
产业带动性	产业带动系数	（产业前向拉动产值十后向推动产值）/产业自身产值	据相关文献定性确定
	预见成长性	参考产业带动系数（潜在的）	据相关文献定性确定
需求共同性	—	国家及两省一市具有战略契合度以外、新衍生的具有共同需求的产业	依据相关文献定性确定
产业成长性	收入弹性系数	产业需求增长率/国民经济增长率	参考相关文献
	产业增长速度	某产业当年与前一年产值差/该产业当年产值	据统计文献计算

表 8-3 战略新兴产业发展前景—动力—速度分析

产业名称	发展前景	发展动力	发展速度趋势	国际竞争态势
战略产业	包括信息网络技术、生物产业、工业智能、数控机床、新材料、航空航天、新能源、海洋生物等产业，关系国家经济命脉和安全。组织实施高技术产业专项工程，包括集成电路和软件产业、新一代移动通信和互联网、物联网，先进计算机、生物医药、清洁能源、工业智能、新材料产业等专项工程。培育具有自主知识产权的高技术产业群，提升产业核心竞争力	战略产业是反映国家综合国力和国际竞争力的主要动力源泉，成为国家经济持续平稳较快增长的强大动力和重要支撑	高速加快增长	目前，世界发达国家有明显竞争优势。我国一些战略产业正在崛起，将于 2020 年进入世界创新型国家行列

美国国家情报委员会（2013 年）认为，到 2030 年，信息技术、自动化和制造技术、资源技术、健康技术等重要新兴技术领域（见表 8-4）的技术将塑造全球的经济、社会和军事发展①。

表 8-4　2030 年全球新兴技术趋势和应用领域

领域	技术焦点	当前状态	2030 年潜力	问题	影响
信息技术	数据方案	大数据的排序和分析已应用于各种大型产业，但数据积累的数量正在超过系统的能力，有碍有效利用	随着软件和硬件的继续开发，即将出现的新方案将允许收集、分析和使用更多的数据	最大的不确定性领域是大数据被使用的速度和组织的安全使用	商业组织和政府"识别"其更好的客户的机会将增加。这些客户也许会反对收集如此多的数据
	社交网络	大多数人已经接受了社交网络，并发现了网络的创造性使用	将发现社交网络更多的使用	网络用户成功的商业模式必须在隐私和实用之间做出权衡	社交网络能够使有用的和危险的通信方式跨越多种多样的使用者群体和地缘政治
	智慧城市	今天智慧城市的 IT 构成部分没有很好地集成，也不是很有效	新的和发展中的 IT 基础设施城市将安装集成系统以维持其提供的无数服务	只有集成的系统才能最大化地实现智慧城化。实施这种智慧城市系统的规模大、价值大，但系统复杂和消耗成本高	在以下方面的收益也是巨大的：改善的生活质量、增加的商业活动和较低的资源消费
自动化和制造技术	机器人	在国防和制造业已经广泛应用	机器人将取代一些岗位中的人力。工业和服务机器人之间将变得模糊	研究者必须降低机器人成本和改善它们的智慧。当机器人普及时，它们将面临更大的公共安全问题	比起使用大量的劳动力或者外包给发展中国家，全部的自动化也许会变得更具成本效益

① 张建华．美国复兴制造业对中国贸易的影响［M］．上海：上海人民出版社，2014：139.

续表

领域	技术焦点	当前状态	2030 年潜力	问题	影响
自动化和制造技术	累计制造/3D 印刷	累计制造在汽车和航空工业中用于建造模型和快速成型	累计制造开始替代一些传统的批量生产的产品，特别是高价值的产品	材料质量和成本成为累计制造被产业接受的制约因素	发达国家和发展中国家都将受益于累计制造业的灵活性、速度和定制
	远程和自动车辆	已经在国防、采矿和勘探中使用	无人机将会定期监测州内的和州际冲突，执行禁飞区和测量国界	确保自动车辆安全可靠地运行，尤其是在人口密集的地区	增加了制止恐怖分子使用无人机的可能
食品和水	精准农业	设备自动化只适合大规模农业	使当地降低规模和价格将扩大其应用和增加产出	对小农场而言，设备和扩展性的成本是主要障碍	对发达国家大规模农业经营来说，持续的产出和质量改善是主要影响
	转基因作物	经济上成功但有限的使用	转基因作物技术将扩大作物的类型，特征可以被修改和被转移到这些作物	上市时间是主要障碍。许多国家的政府要保证其安全	转基因作物将提高产量，解决因气候变化导致的食物短缺
	水管理	微灌溉技术把水送到根部，效率达到 90%	水的需求将很多。廉价的地下滴灌伴随精准农业是可能的。商业耐旱作物是一个可能	在发展中国家使用微灌太昂贵	住宅、工业和农业的供水不足将影响生活在水资源短缺地区的大多数人口
健康技术	疾病管理	分子诊断技术可确定某些疾病的倾向性或者存在	基因测序使个性化的治疗成为可能	诊断成本必须降低到使之广泛应用	将导致提高生活质量、预期寿命和老龄化社会
	人类机能增进	目前假肢和外骨骼只提供有限的功能	功能齐全的肢体替代品，增强视力，听力扩增将广泛可用	改善对人、大脑功能的理解，强化便携式能源是必需的	昂贵的成本限制其在专业运动员和军事上的使用

续表

领域	技术焦点	当前状态	2030年潜力	问题	影响
能源	太阳能	光伏有很大的增长潜力，但也有局限性	光伏、储存技术和智能电网解决方案的先进性需要太阳能对碳能源产品具有竞争性	研究集中在对环境的负面影响	可获得的油气的成功开采将阻止气候变迁缓解措施
	生物能源	从非食物生物质中提供能源的技术已经被证明，但是无竞争力	非食物生物质将成为一个正在成长的、可替代的能源和化工原料来源	推广以来政府的政策	如果成本有竞争力，这个技术将提供对化石燃料的一个有用替代

资料来源：美国情报委员会．全球趋势2030：另一个世界．2013年；转引自张建华．美国复兴制造业对中国贸易的影响［M］．上海：上海人民出版社，2014：140-141；归纳整理。

8.3.2 长三角战略新兴产业发展

长三角地区计算机、通信设备和其他电子设备制造业发展情况：2013年上海计算机、通信设备和其他电子设备制造业产值5444亿元，占规模以上工业的比重为17.0%；江苏计算机、通信设备和其他电子设备制造业产值17323亿元，增长5.1%。浙江完成集成电路49.9亿块，增长17%；完成微型电子计算机164.3万台，增长1.6%。[①] 长三角地区汽车制造业在我国占有十分重要的地位。2013年，上海汽车制造业发展态势良好，全年汽车制造业完成产值4884.1亿元，比2012年增长15.9%，增速比2012年提高8.9个百分点，占规模以上6个重点工业行业总产值的比重为22.6%；汽车制造业是上海6个重点工业行业中经济效益最好的，实现利润总额所占份额高出总产值所占份额34.0个百分点。江苏2013年规模以上汽车制造业产值

① 王振．2014长三角地区经济发展报告［M］．上海：上海社会科学出版社，2014：45-55.

5766亿元，增长25.0%；浙江完成汽车37.3万辆。长三角地区医药制造业发展较好，在我国对外出口中占有重要的地位。2013年，上海汽车医药制造业发展较快。全年医药制造业完成产值596.1亿元，增长19.0%，高出工业平均水平14.6个百分点；江苏规模以上医药制造业整体规模有所扩大，全年完成产值2768.3亿元，增长19.8%；浙江规模以上医药制造业完成销售收入1015.3亿元，同比增长9.5%。

长三角地区的通信网络、物联网、云计算、智慧城市、大数据等新兴信息领域逐渐扩大并广泛应用，将成为拉动产业增长的有效推动力，带动产业技术创新，推动产业转型升级。长三角地区的电子商务产业发展很快，即使在全国范围内也占有优势地位。上海的电子商务交易额已多年居于全国首位。2013年，上海电子商务交易增长仍然显著，首次达到“万亿级”，其完成电子商务交易额10560亿元，比2012年增长35.1%，约占全国交易总额的10%。电子商务在国民经济中凸显出越来越重要的作用，成为促进上海产业转型升级、助推服务经济发展和提升竞争力的重要力量。[①] 浙江电子商务市场规模快速扩大，产业化程度不断提高，已成为国民经济的重要增长点。2013年，浙江的电子商务交易额突破1.6万亿元，全省实现网络零售总额3821.3亿元，同比增长高达88.5%；省内居民网络消费2261.9亿元，同比增长73.3%；在第三方网络零售平台开设各类网店约139万个，同比增长54.4%；网络零售过亿元的企业达100多家。江苏电子商务产业的发展也很快，2013年，电子商务销售额突破千亿元，苏宁易购、买卖宝、红豆商城、宏图三胞、同程网等7家电商被列入商务部“电子商务示范企业”。eBay集团发布的《大中华区跨境电子商务零售出口产业地图》显示，江苏以52.0%的同比增速成为2013年以来发展最快的三大跨境出口中心之一。江苏以电子商务交易服务为龙头，基础设施、物流配送、网络支付、电子商务软件、安全和信用认证等配套体系快速形成。

① 王振．2014长三角地区经济发展报告［M］．上海：上海社会科学出版社，2014：141-150.

长三角是我国移动互联网产业形成的四个集聚区之一，该区域在与移动互联网产业有关的软件和服务方面具有较强的实力。上海的移动互联网产业目前处于初始发展期，由于已经具备良好的信息技术设施和网络人才基础，上海移动互联网产业的发展具有自己独特的亮点，尤其在网络游戏、移动支付等方面，上海在全国具有明显优势。

长三角地区是我国云计算产业的主要集聚区之一，拥有较完善的云计算基础设施、有竞争力的云平台和软件，以及发达的云设备制造基础产业。上海的云计算产业发展起步早，早在2010年，上海市政府就发布了“云海计划”；2013年初，上海市经济和信息化委员会发布了“云海计划2.0”版本，从此上海开始进入云计算产业的“优化环境、示范推广—推进应用”阶段。经过前两年的研发积累，上海的云计算产业已形成了一批过硬的自主技术。在接下来的3年中，上海要推动面向个人、企业和政府的云计算应用发展，形成大型私有云解决方案，以及建立云海数据中心。政府在资金方面也积极支持云计算产业的发展，上海市目前的战略型新兴产业资金、软件和集成电路产业发展专项资金等都一直向云计算倾斜，有很多企业得到政府的支持。上海的终极目标是打造“亚太云计算中心”，近几年上海的信息服务业已连年实现近20%的增长，未来云计算的潜力还将进一步展现。浙江软件产业综合实力较强、信息基础设施及服务水平全国领先，因此具有较好的云计算产业基础，云计算产业发展已初具规模。江苏以无锡等城市为“龙头”，积极推动云计算产业的发展。2013年8月，江苏发布了《关于加快智慧城市建设的实施意见》，推动建设云计算数据中心和云服务平台，大力拓展存储、灾备、高性能计算、高精度位置服务等云增值业务，满足全省及周边地区经济社会发展的计算需求。伴随着城市云计算中心启用及云商城的正式上线，无锡初步实现了云存储、云平台和云应用三个核心环节的产业链布局，率先在云计算示范城市中形成了产业高端研发和产业化资源集聚的良好局面。

我国已初步形成长三角、珠三角和环渤海三大地区的物联网产业集群发展的空间格局。长三角地区以上海为中心，江苏和浙江为两翼，其物联网产业的发展最为迅速，产业规模位居三大区域之首。上海的物联网产业发展较快，目前在承担专项任务、应用示范、产业化等方面初显成效。据统计，截至2013年，上海物联网年产值已达到千亿元规模，相关企业数超过400家，其中上市公司16家。上海市政府把物联网产业作为战略性新兴产业聚焦发展的15个重点专项之一，在嘉定、浦东建有两大物联网基地。目前，上海企业拥有的传感器芯片、实时数据库、海量实时图像处理等一批关键技术打破了国外垄断，自主研发设计的CMOS图像传感芯片年销量达6.4亿颗，占全球市场份额的1/4。

8.3.3 长三角战略性新兴产业选择与培育

在全球金融危机之后，各发达国家都将产业政策的重点聚焦于新一代信息技术、新材料、生物、新能源、海洋、航空航天、节能环保等新兴产业和领域。从产业演进的角度看，发达国家在金融危机后实施“再工业化”，启动新一轮工业革命是在以往工业化的基础上，适应新技术、新市场和经济情况变化的产业结构转型升级，是以信息技术和先进制造技术的迅速发展为依托，大力发展适应未来技术发展方向和市场需求变化趋势的新兴产业。① 我国确定了战略新兴产业七大重点领域（见表8-5）。

表8-5 我国战略性新兴产业的重点领域②

节能环保产业	大力开发示范推广高效节能技术装备及产品，提高能效水平；加快资源循环利用关键共性技术研发和产业化示范；提高综合利用和再制造产业化水平；积极推进煤炭清洁利用、海水综合利用等
新一代信息技术产业	加快建设宽带、融合的信息网络设施，推动新一代移动通信、下一代互联网核心设备和智能终端的研发及产业化；加快推进三网融合，促进物联网、工业智能、云计算的研发和示范应用；着力发展集成电路、高端软件、高端服务器等核心基础产业；大力发展数字虚拟等技术，加快重要基础设施智能化改造，提升软件和网络增值服务

① 邹昭晞．北京市产业升级与协调发展研究［M］．北京：经济管理出版社，2014：148.

② 邹昭晞．北京市产业升级与协调发展研究［M］．北京：经济管理出版社，2014：149-150.

续表

高端装备制造业	重点发展航空航天、高端智能和海洋工程装备。积极推进空间基础设施建设，促进卫星及其应用产业发展；大力发展轨道交通装备和海洋工程装备；强化基础配套能力；积极发展以数字化、柔性化及系统集成技术为核心的智能制造装备
新能源产业	积极发展新一代核能产业；加快太阳能热利用技术推广应用；提高风电技术装备水平，推进风电产业化发展；加快适应新能源发展的智能电网及运行体系建设；适时开发利用生物质能
生物产业	大力研发和提升生物医药产业水平；加快先进医疗设备、医用材料等生物医学工程产品的研发和产业化；积极推广绿色农用生物产品，促进生物农业加快发展；推进生物制造关键技术开发、示范与应用。加快海洋生物技术及产品的研发和产业化
新材料	主要是特种功能和高性能复合材料两项。大力发展稀土功能材料、高性能膜材料、半导体照明材料等新型功能材料；发展高品质特殊钢、新型合金材料等先进结构材料；提升碳纤维等高性能纤维及其复合材料产业水平；开展纳米、超导、智能等共性基础材料研究
新能源汽车	着力突破动力电池、驱动电机和电子控制领域关键核心技术，推进插电式混合动力汽车、纯电动汽车推广应用和产业化；对汽车相关前沿技术研发，推进高能效、低排放节能汽车发展

长三角战略性新产业是我国战略性新兴产业最为集聚的地区之一，在全国处于领先地位。在信息技术产业方面，长三角地区集成电路产业规模约占全国的75%，上海、杭州和无锡则入选国家首批5个云计算创新发展试点城市；在高端装备领域，长三角地区也已经初步形成包括研发、设计和制造在内的完整产业链。2010年上海在新能源、电子信息制造和新材料等新兴领域的产业规模约达8700亿元，同比增长约20%，2010年江苏的新能源、新材料和物联网等六大新兴产业总计实现销售收入约2800亿元，同比增长接近50%。而浙江在这一年的高新技术产业产值也达到了1万亿元，战略性新兴产业的增加值约占工业增加值的1/5。把发展战略性新兴产业作为推动长三角现代产业发展的重中之重，着力推动新一代信息技术、新能源汽车等产业发展，努力使战略性新兴产业成为长三角先导产业和支柱产业。在具体的发展方案上，要确定信息基础设施提升、数字电视升级换代、3G及新一代

移动通信产业演进升级、云计算战略布局、物联网应用提升、生物新兴产业促进、生物制药壮大、新能源推广应用、节能环保新技术和新产品推广、纯电动汽车示范应用、新材料产业集聚区建设、航空产业基地建设是推进战略性新兴产业的重点工程（见表 8-6）。

表 8-6 长三角地区重点扶持的战略性新兴产业①

上海	节能环保、信息新技术、生物、清洁能源、新能源汽车、高端装备制造和新材料
江苏	新能源、新型材料、生物技术和新医药、节能环保、新一代信息技术和软件、物联网和云计算、高端装备制造、新能源汽车、智能电网和海洋工程装备
浙江	生物、新能源、高端装备制造、节能环保、新能源汽车、物联网、新材料、海洋新兴以及核电关联产业

① 刘志彪，郑江淮等．均衡中国：长三角发展新模式［M］．北京：中国人民大学出版社，2014：87.

9　长三角产业转型升级战略与对策

9.1　长三角产业转型升级战略

产业转型升级战略是推动产业更好发展的有力引擎，战略的前瞻性与科学性决定其实际效果。长三角要通过识别价值链战略环节，根据区域自身的要素禀赋和价值链的治理模式来找到最合适的切入点或价值环节，要结合新工业革命的发展趋势和相关产业规划，突破价值链升级的制约，确定长三角产业转型升级的战略思维，根据该价值链的增值路径和产业转型升级规律，制定符合长三角产业的发展战略和政策。以促进产业转型升级，增强在全球产业价值链体系中的控制力。

9.1.1　打造长三角产业价值链链核

产业价值链是产业链内企业价值活动通过相应的价值通道衔接而成的价值活动链，产业（价值）链所创造出的价值超过链内各企业所创造的价值之和。产业链是以价值增值为导向，产业链的组建不但要使产业链中各个企业价值增值，还要使产业链有可持续发展能力，凸显产业链的价值增值功能。产业链是以市场前景比较好、科技含量比较高、产品关联度比较强的优势企业和优势产品为链核，通过这些链核，以产品技术为联系，以资本为纽带，上下连接，向下延伸，前后联系形成了产业链条的增值过程。价值链侧重价值创造环节，每个企业的价值链包含在更大的价值活动群中。产业价值链是产业层面的企业价值融合的有机价值系统，是组织职能协同创造。① 长三角对接了国内价值链，价值链上的链主，即高端的生产性服务功能主要由上海提供，而价值链上的江浙地区，作为主要的国际制造基地接收现代生产性服务的投入，具有国内价值链特征的协调发展机制。② 这种生产性服务业—制造业区域协调发展的模式的形成，既与上海作为全球性城市的全球创新资源配置能力有关，也与江浙地区雄厚的经济实力和制造业基础、建设优良的基础设施、注重科技教育的传统和优秀劳动力素质、相对规范的政府运作能力等因素有关。一个完整的产业价值链可分为研发、采购、生产运营、销售和服务等价值创造活动。产业价值链通过打通产业链上各个企业的价值链，并通过一个一个的联结点把各个价值链，形成统一协调的价值链系统。通过价值链的重构，构建了产业价值链新的价值通道。在价值链的解构和重构过程中，通过价值活动的重新归类和整合，增加各个价值活动的价值创造能力，使得产业链的整体创造价值大大超过各单独企业所创造价值的总和，从而实现产业链的价值增值。③

9.1.2 打造区域产业价值链（RVC）④ 破解产业同构问题

长三角各地区追求自身利益的行政“分割”，导致了产业发展的重复建

① 戚晓曜．中国现代产业体系的构建研究［M］. 北京：中国经济出版社，2011：95.

② Alessio. The Structural Transformation between Manufacturing and Services and the Decline in the US GDP Volatility［J］. Universidad Carlos Ⅲ de Madrid Working Paper，2009（2）：11-12.

③ 赵玉林．主导性高技术产业成长机制论［M］. 北京：科学出版社，2012：266-267.

④ 区域价值链（Regional Value Chain，RVC），指基于区域市场需求发育而成的，由区域 RVC 掌握的品牌、销售终端渠道以及自主研发创新能力等产品价值链的核心环节。

设和资源利用不经济。在政府主导下，产业发展同质同构严重、结构雷同和地区严重不合理逐利；区域市场分割、行政垄断和“地方保护”依然存在，加重了产业同质化问题；大多数工业园区内产业混杂，产业配套不完善，产业链经济不发达，低效产业集群乱象严重。从产业结构看，长三角是以发展制造业为基础，以生物制药、电子通信、新材料等高新技术为支柱产业，产业结构同质同构进一步扩大；导致核心城市综合辐射和影响力不突出，缺乏高效合作；产业分工更加模糊，不合理的产业结构和产业空间布局带来了资源环境的过度消耗和经济发展过度集中、分布失衡及产业运营出现“叠加成本”的不经济。

打造长三角区域价值链（RVC），主要是从产业、企业和生产要素等角度考虑，从发展国际代工的制造业为核心向服务业为核心转变，力求从出口向内需导向转变，从区域产能扩张向价值链外延布局转变；全面实现产业转型升级；通过全球价值链、国内价值链和区域价值链的协调发展来实现区域经济协调发展。对接国内价值链不仅可以在国内不同地区间整合要素禀赋，协调区域经济发展，而且可以通过把订单外包到其他国家，利用他国的禀赋优势；[①] 可以充分发挥国内外产业特别是国内循环产业间的关联效应，带动上下游产业的发展，弥补全球价值链在区域价值链条太短的缺陷。通过链条的延伸和完善，加深专业化，可以获得规模经济和范围经济，积累高端的人力资本和知识资本。[②] 建立长三角企业控制的区域价值链，带动关联产业发展，实现区域经济协调发展，从而对接国家价值链，进入全球价值链高端，不断攀升 GVC 的高端环节是长三角产业转型升级的主攻目标；有助于破解长三角产业同质同构问题，促进在区域产业价值链“异质互补”发展。

---

① Kedia B. L., Lahiri S. International Outsourcing of Services: A partnership Model [J]. Journal of International Management, 2007, 13 (1): 25-26.

② 刘志彪，郑江淮等．均衡中国：长三角发展新模式［M］. 北京：中国人民大学出版社，2014：11-12.

9.2 长三角产业转型升级对策

产业转型升级的成功离不开政府科学有效的产业政策的支持，长三角产业政策必须符合产业发展的客观规律，并适应产业革命趋势，及时作出变革，才能很好地促进区域产业发展。

9.2.1 长三角产业政策效应和模式

产业政策的本质是国家对产业经济活动的引导和调节，根据产业政策作用对象的分类，构建出产业政策的结构体系，具体分为准宏观、中观和准微观经济三个层次（见表9-1）。在准宏观经济层次，产业政策的重点是三次产业结构的比例关系调整。

产业政策是政府为了实现一定的产业结构调整与优化目标而对产业的形成和发展进行干预的各种政策的总和。干预包括规划、引导、促进、调整、保护、扶持、限制等，国家通过制定产业投资政策，加强和改善宏观调控，促进产业健康发展，有效调整和优化产业结构，加快培育产业优势，提升产业素质，保持国民经济持续、快速、健康发展。要根据长三角产业的实际发展状况，将发达国家或地区第二产业各产业部门的先进生产技术有选择、有计划地引入第二产业各部门，通过各产业部门生产技术的改进来增加各产业的产值，实现第二产业内部产值结构的合理化。第三产业内部结构的合理化有利于解决我国目前第三产业内部结构不合理的问题，实现第三产业结构高度化。实施和完善产业发展政策和行业发展规划等手段为主要内容的产业发展立体调控体系（见表9-2）。①

表9-1 产业政策作用效应与调节机理②

<table>
<tr><th>层次</th><th>作用对象</th><th>产业政策</th><th>类型/时限</th><th>政策含义</th><th>调节方式/体现</th><th>政策手段</th></tr>
<tr><td>准宏观经济层次</td><td>三次产业之间比例关系</td><td>产业结构比例</td><td>产业结构政策/中长期</td><td>促进工业化的升级和三次产业协同发展</td><td>间接方式/战略规划</td><td rowspan="7">财政、金融、政策补贴等</td></tr>
<tr><td rowspan="5">中观经济层次</td><td>主导产业
支柱产业
瓶颈产业</td><td>关键产业</td><td rowspan="5">产业发展政策/中长期</td><td>产业合理化</td><td rowspan="5">间接为主、直接为辅/主导、新兴产业发展等</td></tr>
<tr><td>新兴产业
成熟产业</td><td>产业发展</td><td>产业高级化</td></tr>
<tr><td>产业竞争力</td><td>产业竞争</td><td>提升产业核心竞争力</td></tr>
<tr><td>产业集中度</td><td>产业组织</td><td>协调竞争与规模经济的关系</td></tr>
<tr><td>产业集群</td><td>产业布局</td><td>产业地域和空间分布优化</td></tr>
<tr><td>准微观经济层次</td><td>组织政策、约束性政策、区域政策等</td><td>具体产业部门</td><td>产业部门政策/中短期</td><td>对具体部门的调整和规划</td><td>直接方式/规模、技术、品牌提升等</td></tr>
</table>

表9-2 产业发展立体调控体系③

<table>
<tr><th colspan="2">产业政策目标</th><th>具体政策目标</th><th>目标作用</th></tr>
<tr><td rowspan="3">弥补“市场失灵”</td><td>信息不对称</td><td>产业升级方向</td><td>信息指导，防止盲目发展</td></tr>
<tr><td>外部性</td><td>环境污染、职业保障、产品质量、企业社会责任、准公共产品等</td><td>限制和纠正副外部性
引导正外部性</td></tr>
<tr><td>竞争与垄断</td><td>垄断企业、跨国企业、中小企业结构</td><td>鼓励或限制产业合并，防止过度竞争、产业垄断、不正当竞争等</td></tr>
</table>

① 张磊．中国制造业FDI的效应与决定因素［M］．北京：中国经济出版社，2010：240-241.

② 赵嘉辉．产业政策的理论分析和效应评价［M］．北京：中国经济出版社，2013：29.

③ 赵嘉辉．产业政策的理论分析和效应评价［M］．北京：中国经济出版社，2013：33，77.

续表

产业政策目标		具体政策目标	目标作用
防止“政府失灵”	政策无活力	凸显市场自我调节	负面清单管理，释放市场活力
防止“政府失灵”	产业同质化	打破利益地区分割，促进升级	可以同质异构，打造产业链
创造后发优势	产业技术	技术指导、激励	提高产业技术水平
创造后发优势	企业管理	制度学习	提高企业管理水平
发挥比较优势	产业要素禀赋	劳动密集型产业、资本密集型产业、技术密集型产业	根据一国或地区的要素禀赋确定的产业结构
发挥比较优势	产业链分工	微笑曲线产业位置	提高产业的附加值
增强产业竞争力	产业规模	适当的企业规模	提高产业竞争效率
增强产业竞争力	产业品牌	品牌保护和交易制度	建立和维护市场环境
增强产业竞争力	知识产权	产权保护和交易制度	建立和维护市场环境

坚持以制度创新和产业发展为主线，加快经济、产业、创新、人才等重点领域改革的深化突破，创新政府管理机制，完善产业发展的导向、约束、激励和监管机制，充分发挥市场机制的主导调节作用。坚持实体经济和服务经济“双轮驱动”，充分对接国家产业战略，加快培育战略性新兴产业和其他具有地区优势的先进制造业，继续加大对现代服务业发展的扶持推动力度，提高产业能级及在国内外的综合竞争力。调整产业结构，与世界总体产业格局实现合理的分工、协作和循环；提高产业竞争力；形成劳动密集型、资本密集型与技术密集型相互协调的产业结构，发展第三产业并使其占主导地位。①

建立长三角现代新型产业体系，应通过先进制造业和现代服务业的发展，加强国际服务业和其他产业的融合，使其在坚持制造业主业发展的同时，大力发展生产性服务业，要服务长三角地区乃至全国的制造业；促进制造业内部结构升级，提高重点行业创造增加值的能力和制造业增加值的比

① 王振．2012泛长三角地区经济发展报告［M］．上海：上海人民出版社，2012：18.

重，进一步促进制造业集聚效应的发挥，增强区域制造业的竞争力；加快承接国际高端产业或价值链高端环节的速度，积极承接国际产业转移中高端的生产、研发以及服务一体化的产业，大力发展与引进产业链的高端环节；创新发展金融业、推动电子商务、现代高端物流、品牌会展，以及现代商务旅游业；逐步向外转移低端产业或价值链低端环节，继续发展传统产业中科技含量高、附加值高或处于产业链与价值链高端，具有长三角比较优势并且可持续发展的产业与环节；在推动高端服务业发展的同时提高自主研发和自主创新能力，利用国际产业转移带来的技术溢出效应，提高自主研发和创新能力；在重点产业领域着重培育自主创新能力，促进高新技术扩散，广泛运用高新技术改造传统产业和发展新兴产业；要建构产业高级人才培养机制；要分清政府与市场的关系，在发挥政府有效作用的同时，充分发挥市场配置资源的作用；全面提升产业能级，推动长三角产业结构优化发展。①

9.2.2 长三角现代产业协同发展变革

改革开放以来，我国在经济发展战略上借鉴了韩国等东亚新兴工业化国家的经验。这些国家在 20 世纪 60~80 年代普遍实施了“增长极”战略(Park & Lee，1999)。长三角地区也实施了这一战略。基于增长极的发展战略使长三角地区各城市间基于互补性的合作不足，而恶性竞争有余。②

长三角地区要全面深化区域合作，进一步创新和优化区域合作机制，加快长三角地区的经济一体化进程，实现跨区域之间的分工协作、优势互补的多赢联动发展格局，提升区域整体竞争力。长三角的战略协调规划相对滞

① 徐炳胜等. 上海产业发展与后世博预测研究 [M]. 上海：上海社会科学院出版社，2011：129-131.

② 薛领，翁瑾等. 转型升级与区域服务业发展：理论、规划和案例 [M]. 北京：北京大学出版社，2013：180-181.

后，其广度、深度和高度都有待于加强，建议修改现行的《长江三角洲地区区域规划（2009~2020）》。倪鹏飞研究指出必须优化“大长三角”地区的空间布局，实施“北进南优、西联东拓、中扩提”的布局原则，构建以上海为中心的扇形空间结构，优化带动纵深发展的空间布局，以实现城市群外部正效应的最大化，成立真正的利益协调机制，从而打破地方保护、重复建设和恶性竞争等现象。[①] 要通过构建标准联盟、品牌联盟、价格联盟、科技联盟、供应链联盟、互助联盟集为一体的现代产业联盟，通过联盟的方式走协同发展之路，采取共同措施，保护产业良性发展，促进关联企业向园区集聚，促进产业链向上下游延伸，建设产业集群升级示范区，提高集约发展水平。

霍尔（P. Hall）认为，随着城市功能、产业结构对城市空间结构的制约越来越小，以信息化为代表的现代技术发展给城市空间演变将出现分散化趋势，区域经济一体化可能增加集聚的必要。长三角集聚能力偏低，受行政区划和地方利益博弈等影响，立足于本地区利益，缺乏协调创新发展。从增长方式上看，长三角应该由粗放型向集约型发展模式转变；加快区域资源优化配置和产业结构调整，提升产业集群的聚集效应，促进区域经济一体化的形成。应重点培育核心城市成为长三角新的“增长极”。要由技术引进型向技术创新型转变，应加快开发对经济集约化增长有重大带动作用的关键技术，克服“技术引进依赖”，推动产业结构优化升级。实现社会经济发展在空间上的多极带动，提高城市化的效率和经济增长的效益，充分发挥大中小城市的作用，使其实现合理分工、相互关联、互动协调发展。魏后凯认为，我国已进入都市圈竞争的的阶段，构建新型分工与协作机制，形成区域产业链的竞争优势，是提升（都市圈）区域产业竞争力的重要方式。因此，长三角要加快区域一体化的进程，在区域内建立起层次及布局合理的产业体系，提升区域内协同效率和专业化水平，产业升级与产业协调发展融合推

① 章轲．中国社科院财经战略研究：沪苏浙皖“世界超级经济区”已形成［N］．第一财经日报，2014-05-13：B06.

进，提升长三角产业竞争力。创新长三角区域协同发展的制度空间，促进区域产业协调发展的长效机制。[①]

长三角产业协调发展新的思路：促进三次产业的融合发展。互联网信息技术将和新型农业、工业、服务业全面融合，新工业革命将打破传统的产品生产方式和生产组织模式，制造业和服务业将在产业链上纵向融合和重组，从设计、生产到销售各个环节都出现了互联网协同融合；第二、第三产业在地域上出现聚集融合和重组的趋势。促进生态经济结构视角下的“高端”与“低端”同在，将产业升级与产业协调发展融为一体，“低端产业”从产业链低端向高端转移。新工业革命促使传统地理集群的空间局限正被逐渐突破并形成网络集聚，可以有效整合各种资源，提高产业发展的开放性与灵活度。[②]

9.2.3 长三角产业发展空间新布局

长三角两省一市中，上海是增长级的引擎，江苏、浙江形成了长三角腾飞的两翼，要打造“内部高效协同一体两翼”的长三角，[③] 要对长三角做出可持续协同发展的规划，对接好国家“长三角发展规划”和“长江经济带”发展规划，积极整合、调动地区优势，形成合力完善的机构和机制推进发展。长三角总体空间布局框架应为“一核六带”。[④] 围绕上海这个核心，着力发展城市产业带以及副中心城市，形成以上海为圈层核心，外围第一层依次为苏州、宁波、杭州、南通，第二层依次为无锡、南京、常州、镇江、嘉兴，第三层依次为泰州、湖州、扬州、绍兴、温州，第四层依次为台州、金

① 刘志彪，郑江淮等．均衡中国：长三角发展新模式［M］．北京：中国人民大学出版社，2014：13.

② 邹昭晞．北京市产业升级与协调发展研究［M］．北京：经济管理出版社，2014：154-155.

③ 贾晓峰，王家新等．长三角产业结构研究［M］．北京：经济科学出版社，2011：138.

④ “一核六带”：强化以上海为发展核心，优化提升沪宁、沪杭沿线发展带；重点建设沿江发展带；沿杭州湾发展带；积极开发沿海发展带；培育宁湖（湖州）杭发展带；引导发展沿湖（太湖）生态服务带。

华等，构成的长三角“产业圈层空间结构”，促进“产城融合”，将长三角区域打造成具有国际影响力的产业发展城市群，为长三角的产业发展提供新的空间拓展，促进区域发展一体化。

长三角一体化促进不同行政区域，由单纯的竞争转向合作，打破长三角内部不同区域的市场保护和分割，促进要素在市场配置下自由流动；从有限合作进入全方位、多领域的合作，形成长江三角新的区域优势。构建上海为龙头的长三角国际先进制造业基地，打造以上海为中心的长三角世界级城市群和区域共同市场，形成推进区域一体化的合作制度和政策环境。促进长三角的区域城市在更大范围获得规模经济和范围经济及技术外溢，建立长三角共同市场规则、相互开放各类市场、资本市场和金融服务区域自由化、统一技术标准、取消要素流动区域“门槛”降低交易成本。

9.2.4 打造长三角产业集群新体系

长江三角洲大都市连绵带（含潜在地区），是戈特曼提出的世界六大都市带之一，在我国乃至世界经济发展的进程中都占据着重要的地位。随着新工业革命影响的深入，长三角的产业生产体系和产业分工格局都面临着重构。[①] 需要实施可持续发展战略，走新型工业化道路，大力发展循环经济。[②] 在产业发展领域，要运用新技术新商业模式、新制度等推进产业升级，通过项目载体、技术改造等支持措施加大对现代服务业和战略性新兴产业发展的促进力度。[③] 同时，要对长三角原有产业群（见表 9-3）进行梳理、归类和外延拓展，构建产业发展集群新体系，即核心产业群[④]、支持或辅助产业群和外围产业群三级产业集群新体系。大力培育现代服务业核心地位和引领作

① 杨上广．长三角经济空间组织的演化［M］．上海：上海人民出版社，2011：17.

② 叶连松．新型工业化与制造业发展［M］．北京：中国经济出版社，2009：125.

③ 王振．2014 长三角地区经济发展报告［M］．上海：上海社会科学出版社，2014：8-9.

④ 核心产业群此处指战略新兴产业、金融业、互联网、科技服务业、信息服务业、文体娱乐业等主导产业。

用；支持或辅助产业群包括现代交通运输业、物流业、公共设施管理业等产业，能够为核心产业群的发展提供支持；外围产业群包括现代制造业、仓储业等。通过这个产业集群新的构建，可以互补区域之间的资源，发挥区域产业集群的网络效应作用。

表 9-3 长三角主要产业群及空间分布①

集群行业或产业	集聚地	所在省市
集成电路（IC）产业群	张江高科技园、漕河泾新兴技术开发区、上海科技京城高科技创业园	上海市
IT 产业群	松江工业区	
汽车及零部件产业群	嘉定汽车城	
钢材	以宝钢、上钢为主	
石化产业群	金山化工区	
平板显示器企业群	南京经济技术开发区	江苏省
IT 产业群	南京江宁开发区	
汽车产业群	南京江宁开发区	
石化产业群	南京化工园	
高新技术产业群	南京高新技术产业开发区	
纺织企业群	无锡、无锡江阴、苏州吴江盛泽镇	
服装服饰产业群	常熟	
新加坡丰树无锡国际物流园 无锡传感网大学科技园	无锡	
五金工具产业群	张家港大新镇	
环保产业群	无锡宜兴	
低压电器	镇江扬中	
板材加工产业群	徐州邳州	
IT 产业群	苏州、吴江、昆山、无锡	
传感器企业群	苏州昆山	

① 杨上广．长三角经济空间组织的演化［M］．上海：上海人民出版社，2011：159.

续表

集群行业或产业	集聚地	所在省市
纺织产业群	杭州萧山、宁波鄞县、绍兴柯桥镇、绍兴诸暨市大唐镇、绍兴嵊州、嘉兴海宁、嘉兴秀洲、湖州织里	浙江省
IT 及高新技术产业群	杭州	
塑料模具	宁波余姚	
木业企业群	嘉兴嘉善	
鞋业企业群	温州	
打火机	温州鹿城区	
眼镜 五金机械企业群	温州永嘉县、金华永康	
纽扣、服装 低压电器	温州乐清柳氏镇	
医药制造产业群	台州、绍兴新昌、金华东阳、永康	

9.2.5 构建长三角技术创新联盟

9.2.5.1 推进产业共性技术研发

产业共性技术研发，推动长三角产业技术进步速度和高新技术产业化的进程，提高引进技术的层次和新技术消化吸收的能力，政府可以直接投入支持关键性技术及产业共生性技术的研发，通过制定发展战略引导技术进步，促进具有广阔发展前景的技术发展成为产业；可以通过财政补贴等手段支持清洁能源和材料等研发，并促使研究成果的转化；可以通过减免税收等手段支持企业进行新技术的研发。共性技术的研究、发明、创新、传播和应用是长三角技术创新和科技创新产业化的需要，也是产业优化升级的关键所在。建立长三角技术创新体系，促进技术创新和加快成果市场化，加强共性技术的研发和产业间的科技合作。[①] 从长三角区域合作和发展战略出发，以提高科技资源配置效率、提高区域创新能力和产业发展的协同关系为目标，探索科技合作新机制和共性技术研发平台建设，推动长三角区域产业发展的创新与突破。[②] 促进长三角政府之间的合作与竞争、建立地区性创新—产业化集群，建立地区创新竞合体（产学研技术创新联盟）。[③]

9.2.5.2 实证：产学研技术创新联盟模式作用机理

产学研技术创新联盟对创新绩效的作用机理主要体现在发挥创新的协同性、提高创新的指向性、强化创新的稳定性和深化创新的持续性等方面。[④] 通过实证研究，可以得出产学研技术创新联盟模式促进了产业创新科技成果绩效，反映了现阶段我国产学研合作的总体水平不高、产业化程度较低。以产学研合作创新强度对区域创新绩效的影响为研究对象，通过定量化分析和比较分析，研究并发现产学研合作创新强度对区域创新的知识绩效、经济绩效和科技绩效的影响方向和强度，促进以企业为核心的产学研合作创新组织体系、完善产学研技术创新联盟的制度设计和营造良好的产学研技术创新联盟生态环境等方面提出了进一步完善产学研创新联盟模式的政策建议。

9.2.5.2.1 理论分析与研究假设

（1）理论分析。产学研技术创新联盟是一种创新的组织形式，是以创新绩效最大化为目标，以企业、高等院校、科研机构为主体，实施的优势互补的网络化协作创新活动。创新的绩效可以理解为创新的产出，从创新链条的角度分析，创新的产出包括知识成果产出、科技成果产出和经济成果产出。产学研技术创新联盟对创新绩效的作用机理主要体现在发挥创新

① 刘冬梅，龙开元，李国平等．区域特色产业和科技资源空间布局研究［M］．北京：科学技术文献出版社，2013：28.

② 张建华．美国复兴制造业对中国贸易的影响［M］．上海：上海人民出版社，2014：77.

③ 张建华．美国复兴制造业对中国贸易的影响［M］．上海：上海人民出版社，2014：78.

④ Chesbrough H. W. Open Innovation［M］. Boston：Harvard Business School Press，2003：8.

的协同性、提高创新的指向性、强化创新的稳定性和深化创新的持续性等方面：

第一，发挥创新的协同性。在创新的过程中，企业、高等院校和科研机构各有比较优势。企业的优势在于对市场需求把握的敏感性、发现市场切入点的准确性，高等院校和科研机构的优势在于拥有大量优秀的科研创新人力资源以及试验平台等科技创新的物力资源。通过产学研技术创新联盟模式，能够有效结合发挥各创新主体的优势、弥补创新过程中的不足，使得企业、高等院校和科研机构能够在从知识创新、技术创新到产品创新的创新链条上形成合力。

第二，提高创新的指向性。由于创新的最终目的是技术的商业化应用和创新产品的市场成功，[①] 在创新的三种绩效中，尤以经济成果绩效最重要。传统的企业、高等院校和科研机构等创新主体相互割裂、独立实施创新的模式在很大程度上存在盲目性，而产学研技术创新联盟模式通过常态化的技术创新成果展示、市场需求共享等交流，使得高等院校和科研机构的研发创新内容与市场需求有机结合，从而提高创新活动的指向性和创新成果的产业化程度。

第三，强化创新的稳定性。由于利益需求方面的因素，传统的企业、高等院校和科研机构等创新主体相互割裂的创新模式缺乏存续的稳定性，例如，企业之间的创新合作出于抢占市场、形成竞争优势的考虑，合作往往缺乏充分信任，也难以形成长效的合作机制。在产学研技术创新联盟形式中，高等院校和科研机构以获得知识成果和科技成果为主要目标，企业以获得经济成果为主要目标，这种利益需求的互补性有助于各方相互信任，从而降低新的合作伙伴选择的交易成本，实现强化创新合作的路径依赖。

第四，深化创新的持续性。由于追逐经济利益最大化的特性，企业以及企业间实施的创新活动较多关注短期的竞争性项目，难以有效组织和实施具

① 傅家骥．技术创新学［M］．北京：清华大学出版社，1998.

有战略性的研发创新项目，也难以有效推进基础研究的发展。产学研技术创新联盟形式通过引入高等院校和科研机构，使其关注长远性、基础性的创新性研究成为可能，也使其能够有效克服企业独立研发创新中的“短视”现象。正是由于产学研技术创新联盟能够有效深化创新的持续性，该模式的有效组织和实施已经上升到具有较强创新能力的美国、日本等国家战略的层面。

(2) 研究假设。通常，从创新的过程性分析，创新绩效表现为创新的知识成果产出、科技成果产出和经济成果产出。知识成果产出主要表现为获得的发明、实用新型、外观设计等专利授权，科技成果产出主要表现为科研获奖、科技论文等，经济成果产出主要表现为新产品销售收入的实现等。结合上述理论分析结果，提出以下研究假设：

假设 1：产学研技术创新联盟有助于提高创新的知识成果绩效。

假设 2：产学研技术创新联盟有助于提高创新的科技成果绩效。

假设 3：产学研技术创新联盟有助于提高创新的经济成果绩效。

9.2.5.2.2　*研究方法*

(1) 研究变量。为了有效考察产学研技术创新联盟模式对创新绩效不同类型产出影响的差异性，验证研究假设的成立与否，从知识成果、科技成果和经济成果三个方面遴选因变量指标。其中知识成果指标选取“专利授权数”，科技成果指标选取“SCI/EI/ISTP 三大检索论文”，经济成果指标选取“新产品销售收入”。

自变量选取，从经济学的理论出发，资本的投入和劳动的投入是实现经济产出的重要前提，基于上述认识并结合研究问题的具体特征，选取“研究与开发经费投入”作为资本投入的表征变量，选取“研究与开发全时人员当量”作为劳动投入的表征变量。考虑到产学研合作创新的实际以及数据易获取性，选取“高校和科研机构筹集的资金来自企业”作为产学研技术创新联盟合作强度的表征变量。综上所述，本书选取研究变量如表 9-4 所示。

表 9-4 产学研技术创新联盟模式对创新绩效影响的变量指标体系

指标类型	指标名称	指标编码	指标单位
因变量	专利授权数	Y_1	件
	SCI/EI/ISTP 三大检索论文	Y_2	篇
	新产品销售收入	Y_3	亿元
自变量	研究与开发经费投入	CAP	亿元
	研究与开发全时人员当量	HUM	人年
	高校和科研机构筹集的资金来自企业	LINK	万元

（2）研究样本和数据。以我国省级区域为研究对象，以 31 个省、自治区、直辖市作为研究对象（西藏、中国港澳等未纳入考察范围）。研究数据主要来自国家统计网站公布的《中国区域创新能力报告（2010）》《中国统计年鉴（2010）》等统计资料。原始数据如表 9-5 所示。

表 9-5 产学研技术创新联盟模式对创新绩效影响的原始数据

地区	X_1	X_2	X_3	Y_1	Y_2	Y_3
上海	355.4	95.13	308856	24468	10782	4894.85
江苏	580.9	195.33	353680	44438	8019	7243.72
浙江	344.6	159.59	162172	52953	5733	6408.15
安徽	98.3	49.47	49220	4346	2888	1104.21
福建	101.9	59.27	24738	7937	1911	1746.40
北京	550.3	189.55	479500	17747	18945	3058.91
天津	155.7	48.35	76411	6790	2880	2750.18
河北	109.1	46.15	51533	5496	1046	1068.59
山西	62.6	43.99	23270	2279	795	667.75
内蒙古	33.9	18.26	13579	1328	188	343.97
辽宁	190.1	76.67	194595	10665	4145	1919.67
吉林	52.8	31.73	56461	2984	2952	1210.46
黑龙江	86.7	50.72	93251	4574	2330	452.92

续表

地区	X_1	X_2	X_3	Y_1	Y_2	Y_3
广东	502.6	238.68	111138	62031	4575	7469.55
广西	32.8	23.24	18788	2228	566	594.15
重庆	60.2	34.42	49769	4820	1353	1681.14
四川	160.3	86.74	197549	13369	3629	1798.22
贵州	18.9	11.46	5009	1728	287	185.43
江西	63.1	28.24	31531	2295	668	601.44
山东	433.7	160.42	76957	26688	4523	5587.69
河南	122.3	71.49	71293	9133	1498	1454.16
湖北	149.0	72.75	180221	8374	5306	1797.91
湖南	112.7	50.25	99241	6133	3147	1602.02
云南	31.0	19.75	26927	2021	913	309.16
陕西	143.3	64.75	200709	4392	4047	487.78
甘肃	31.8	20.12	23013	1047	1942	233.76
青海	3.9	2.50	586	228	67	48.62
海南	3.3	1.73	1056	341	68	69.90
新疆	16.0	8.81	3007	1493	252	160.08
宁夏	7.5	5.15	549	606	42	73.47

（3）研究方法。回归分析是研究多变量之间相关性的有效方法。传统意义上的简单相关关系以及具有特殊结构的非线性关系变量之间关系的研究均可通过多元回归分析的方法进行定量分析。回归分析的主要应用步骤包括模型显著性分析、模型方差分析、模型参数估计等环节。随着 SPSS、Eviews 等统计分析软件的推出和广泛应用，回归分析的应用领域得到了进一步拓展。

（4）模型设计。为了有效考察产学研技术创新联盟模式对不同类型创新绩效的影响，分别设置三个模型进行研究。其中，模型 1 以专利授权数为因变量、模型 2 以 SCI/EI/ISTP 三大检索论文为因变量，模型 3 以新产品销售收入为因变量，以分别考察产学研技术创新联盟模式对创新的知识成果产出、科技成果产出和经济成果产出影响的差异性。模型结构如下：

模型 1：$Y_1=C+\alpha\cdot CAP+\beta\cdot HUM+\lambda\cdot LINK$

模型 2：$Y_2=C+\alpha\cdot CAP+\beta\cdot HUM+\lambda\cdot LINK$

模型 3：$Y_3=C+\alpha\cdot CAP+\beta\cdot HUM+\lambda\cdot LINK$

9.2.5.2.3 实证研究

（1）模型显著性分析。模型显著性分析（见表 9-6）结果显示，模型 1、模型 2 和模型 3 的 R 方值分别达到 0.929、0.944 和 0.945，调整后的 R 方值分别达到 0.844、0.875 和 0.872，均高于 0.8 的阈值，且三个模型的 F 值的显著性均低于 0.05 的显著性水平，说明选取的自变量能够有效解释因变量的变化，也证明了回归模型的有效性。

表 9-6 模型显著性分析

模型	R	R^2	调整后 R^2	显著性（Sig.）
模型 1	0.929	0.861	0.844	0.000
模型 2	0.944	0.889	0.875	0.000
模型 3	0.945	0.888	0.872	0.000

（2）模型方差分析。模型方差分析结果（见表 9-7）显示，模型 1、模型 2 和模型 3 的 F 值分别为 53.596、69.624 和 68.796，其统计显著性均低于 0.05 的显著性水平。

表 9-7 模型方差分析

模型		方差和	自由度	F 值	显著性
模型 1	Regression	628064192	3	53.596	0.000
	Residual	10249683	26		
	Total	730435199	29		

续表

模型		方差和	自由度	F 值	显著性
模型 2	Regression	391573116	3	69.624	0.000
	Residual	48742552	26		
	Total	440315669	29		
模型 3	Regression	123909989	3	68.796	0.000
	Residual	15609779	26		
	Total	139519769	29		

因此，有理由认为，“专利授权数”、“SCI/EI/ISTP 三大检索论文”和“新产品销售收入”分别与“研究与开发经费投入”、“研究与开发全时人员当量”、“高校和科研机构筹集的资金来自企业”存在线性关系，也再次证明了模型的有效性。

（3）模型参数估计。模型的参数值估计和参数显著性结果如表 9-8 所示。

表 9-8 模型参数估计及其显著性结果

模型	模型 1			模型 2			模型 3		
	参数值	T 值	显著性	参数值	T 值	显著性	参数值	T 值	显著性
C	-3213.156	-1.747	0.092	114.014	0.283	0.779	144.722	0.635	0.531
α	12.612	0.373	0.712	10.626	1.434	0.163	13.689	3.265	0.003
β	252.526	3.217	-1.747	-16.536	-0.962	0.345	5.874	0.604	0.551
λ	-0.042	-2.328	0.028	0.025	6.422	0.000	-0.007	-3.310	0.003

通过分析表 9-8 所示的模型参数估计及其显著性结果可以发现：

（1）在模型 1 中，研究与开发经费投入、研究与开发人员投入均对专利授权产生正向影响，且其统计显著性分别为 0.712、-1.747，均高于 0.05 的显著性水平，说明研究与开发经费投入、研究与开发人员投入对创新知识成果绩效的作用不显著；产学研合作创新对专利授权产生负向影响，且其统计显著性为0.028，低于0.05的显著性水平，说明产学研合作创新对提高创新的知识成果绩效起到抑制作用，也间接说明我国现阶段产学研合作的总体水平较低。

（2）在模型2中，研究与开发经费投入对科技论文产出产生正向影响、研究与开发人员投入对科技论文产出产生负向影响、产学研合作创新对科技论文产出产生正向影响。从统计显著性的角度，研究与开发经费投入和研究与开发人员投入对创新科技成果产出的作用不显著，产学研合作创新对科技论文产出具有统计显著性。

（3）在模型3中，研究与开发经费投入、研究与开发人员投入均对创新的经济绩效产生正向影响，且研究与开发经费投入对于创新的经济绩效的正向促进作用具有统计显著性；产学研合作创新对创新的经济绩效产生负向影响，且其统计显著性为0.003，低于0.05的显著性水平，说明产学研合作创新对提高创新经济成果绩效存在显著的抑制作用，也间接说明我国现阶段产学研合作的产业化水平较低。

9.2.5.2.4 长三角产学研技术创新联盟建议

（1）重构长三角以企业为核心的产学研创新合作组织形式。首先，应积极引导优势科技资源向企业配置，并积极鼓励高等院校和科研院所向企业开放实验室等科技创新资源。其次，应深化企业对重大科技创新项目的参与程度和企业参与机制，特别是与市场结合紧密的科研项目有必要形成企业牵头机制。最后，应综合利用财政和税收的工具形成企业积极创新的长效激励机制，设置科技创新引导基金、加大企业研发创新活动的税前扣除都是从财政和税收角度激发企业创新活力的有效途径。

（2）完善长三角产学研技术创新联盟的制度设计。产学研技术创新联盟的有效运行依赖于完善的顶层制度设计，以知识产权制度为代表的非合理的制度设计有碍于产学研技术创新联盟的有效运行。在产学研技术创新联盟制度设计方面：首先，在支持机制设计方面，一方面，需要政府从法律层面配套法律体系积极引导促进产学研创新联盟形式的应用和推广；另一方面，需要政府从科技资源、财力资源配置等方面加大对产学研技术创新联盟形态的支持。其次，在管理机制方面，应建立由高校、科研机构和企业共同组成的管理机构，该机构具有研究开发创新项目工作分解、综合协调等职能，从而保证产学研技术创新联盟的有效运行。最后，在利益分配机制方面，应通过契约形式明确利益权属，避免因利益界定不清而制约产学研合作创新的情况。

（3）营造长三角产学研技术创新联盟生态环境。产学研实施合作创新的过程离不开特定的区域创新环境。在产学研技术创新联盟生态环境建设方面：首先，应营造以实现研发创新的市场化为目标的创新文化，从而使创新的过程由获得知识成果、科技成果延伸到经济成果，使创新的价值最终转化为经济效益的实现和技术进步水平的提高。其次，大力促进生产力服务中心、技术转移中心等科技中介的发展，从而有效降低技术供给方和需求方之间的信息非对称程度、提高创新成果的市场转化水平。最后，大力发展风险投资、创业投资等金融中介机构，从而实现金融资本与产业资本的协同、有序发展。

10 主要结论与研究展望

10.1 主要结论

（1）新工业革命是长三角产业和经济发展的重要背景因素，必须重视其推动和渗透作用，要创新体制机制，推进长三角产业转型升级和新工业革命发展趋势、准确把握新工业革命的技术发展方向，并借鉴经济发达国家和地区应对新工业革命的成功经验，同节奏融合发展。

（2）在新工业革命的背景下提出了长三角产业转型升级新路径和新模式；选择战略新兴产业需要结合新工业革命的影响因素，有力回答如何结合新工业革命进行产业选择，特别是战略新兴产业的选择，将理清区域发展战略新兴产业发展的思路；必须发挥长三角优势产业的作用，选择和定位好战略新兴产业，优先发展，增加长三角产业对行业和全球产业链及价值链的控制力，切实增强长三角产业的“产业链链主”地位，并提升全球价值链的位势，提升长三角产业高要素禀赋，从而推动长三角产业竞争力的跨越提升。

（3）提出长三角应对新工业革命，推进产业转型升级的战略对策、目标和体制机制创新对策建议，将做出一些符合大势的理论突破，将为政府、产业部门、企业等应对新工业革命理清方向，并为长三角把握未来产业发展的科技趋势提供学术应用支撑；推动政府对产业规制的创新管理和体制机制的创新，同时在提升政府管理过程中，形成用具有工业革命意义的技术推动经济发展范式的新思维，可以有力改善产业发展的环境和“生态”；对依托新工业革命区域产业体系转型升级的现代理论体系和目标模式将做出前瞻性的创设和完善，丰富区域应对新工业革命理论研究内涵，为产业转型升级和产业发展做出有价值的理论探究。在新工业革命背景下的产业转型升级，是构建长三角现代产业体系、变革传统的产业结构与产业发展模式、转变经济增长方式、寻找新的经济增长点、实现产业和经济可持续发展的有效途径。

10.2 研究展望

产业转型升级是一个综合课题，在研究过程中，遇到很多困惑，有些问题难以深入；该课题很多方面有待研究完善，在今后的相关研究中，要加强数据的梳理分析，要找出新工业革命对产业转型升级促进机理的清晰脉络，在构建新产业发展体系和模式上力争有所创新。

参考文献

[1] 苏东水．产业经济学［M］. 北京：高等教育出版社，2000.

[2] 芮明杰．产业经济学（第二版）［M］. 上海：上海财经大学出版社，2012.

[3] 洪银兴，刘志彪．长江三角洲地区经济发展的模式和机制［M］. 北京：清华大学出版社，2003.

[4]［美］熊彼特．经济发展理论（中译本）［M］. 北京：商务印书馆，1990.

[5]［日］青木昌彦．比较制度分析（中译本）［M］. 上海：上海远东出版社，2001.

[6] 梁琦．空间经济学的过去、现在与未来［J］. 经济学，2005（7）.

[7] 王辑慈．创新的空间：企业集群与区域发展［M］. 北京：北京大学出版社，2001.

[8] 陈柳钦．产业集群与产业竞争力［J］. 产业经济评论，2005（1）.

[9]［美］罗伯特·M. 索洛等．经济增长因素分析［M］. 史清琪等译．北京：商务印书馆，1999.

[10] 陈建军．长江三角洲地区产业结构和空间结构的演变［J］. 浙江大学学报（社会科学版），2007（3）.

[11]［英］大卫·李嘉图．政治经济学及赋税原理（中译本）［M］. 北京：商务印书馆，1976.

[12] 周维颖．新产业区演进的经济分析［M］. 上海：复旦大学出版社，2004.

[13] 魏后凯．现代区域经济学［M］. 北京：经济管理出版社，2006.

[14] 王忆邵，王克强．长江三角洲地区协调发展的特征及问题探讨［J］. 同济大学学报（社会科学版），2002（3）.

[15] 芮明杰. 中国产业竞争力报告［M］. 上海：上海人民出版社，2004.

[16]［德］阿尔费雷德·韦伯．工业区域论［M］. 北京：商务印书馆，1997.

[17] 戚本超等．中国区域经济发展报告（2008~2009）［M］. 北京：社会科学文献出版社，2009.

[18] 唐家龙．中国经济增长的源泉（1952~2007）［D］. 南开大学博士学位论文，2009.

[19] 吴敬琏．中国增长模式抉择［M］. 上海：上海远东出版社，2005.

[20] 苏勇，杨小玲．资本市场与产业结构优化升级关系探讨［J］. 上海财经大学学报，2010（4）.

[21] 顾朝林．产业结构重构与转移：长三角地区及主要城市比较［M］. 江苏：江苏人民出版社，2003.

[22] 陈丹宇．长三角区域创新系统中的协同效应研究［D］. 浙江大学博士学位论文，2001.

[23] 加藤弘之，吴柏均．城市化与区域经济发展研究［M］. 上海：华东理工大学出版社，2011.

[24] 厉无畏，王振．中国开发区的理论与实践［M］. 上海：上海财经大学出版社，2004.

[25] 王小鲁，樊钢．中国经济增长的可持续性［M］. 北京：经济科学出版社，2000.

[26] 程治中．长江三角洲大都市圈经济研究［D］. 复旦大学博士学位论文，2004.

[27] 赵成根 . 国外大城市危机管理模式研究 [M]. 北京：北京大学出版社，2006.

[28] 李清娟 . 长三角都市圈产业一体化研究 [M]. 北京：经济科学出版社，2007.

[29] 巴曙松等 . 城市化与经济增长的动力 [J]. 改革与战略，2010 (2).

[30] 林毅夫，苏剑 . 论我国经济增长方式的转换 [J]. 管理世界，2007 (11).

[31] 简新华 . 产业经济学 [M]. 武汉：武汉大学出版社，2006.

[32] 康华，陆扬 . 英国产业结构调整经验可鉴 [J]. 全球科技经济，2000 (3).

[33] 涂岩 . 产业结构调整与区域经济发展互动研究：以珠三角地区为例 [J]. 经济与社会发展，2010 (3).

[34] 郑凯捷 . 分工与产业结构发展 [D]. 复旦大学博士学位论文，2006.

[35] 林毅夫 . 发展战略与经济发展 [M]. 北京：北京大学出版社，2004.

[36] 王岳平 . "十二五" 期间我国产业结构调整战略与政策研究 [J]. 宏观经济研究，2009 (11).

[37] 郑文智 . 集群演化与区域产业的根植性 [J]. 产业经济研究，2006 (1).

[38] 王敏 . 长三角产业转移的趋势分析及安徽省的承接对策研究 [D]. 中国科技大学硕士学位论文，2010.

[39] 邹至庄 . 中国经济转型 [M]. 北京：中国人民大学出版社，2005.

[40] 郁鸿胜 . 新一轮长江三角洲区域发展战略构想 [J]. 上海企业，2006 (9).

[41] 万斌 . 中国长江三角洲区域发展报告 [M]. 北京：社会科学文献出版社，2005.

[42] 蔡国栋 . 我国产业结构升级的瓶颈及其突破思路 [J]. 金融与经济，2009 (6).

[43] 沈开艳．上海经济发展报告 2011 [M]. 北京：社会科学文献出版社，2011.

[44] 刘志彪等．长江三角洲制造业向产业链高端攀升路径与机制 [M]. 北京：经济科学出版社，2009.

[45] 胡彬，董波，赵鹏飞：长三角与珠三角的制造业结构与区域竞争力比较 [J]. 经济管理，2009 (2).

[46] [瑞] 苏伦·埃尔克曼．工业生态学（中译本）[M]. 北京：清华大学出版社，2008.

[47] 林峰．可持续发展与产业结构调整 [M]. 北京：社会科学文献出版社，2006.

[48] 何东．区域循环经济论 [M]. 北京：中国财政经济出版社，2009.

[49] 陈建军．长江三角洲地区产业结构与空间结构的演变 [J]. 浙江大学学报（人文社会科学版），2007 (3).

[50] 芮明杰．知识型企业成长与创新 [M]. 上海：上海人民出版社，2006.

[51] 沈玉芳．产业结构升级与城镇空间模式协同性研究：以长三角洲地区为例 [M]. 北京：科学出版社，2009.

[52] 朱文晖．走向竞合：珠三角与长三角经济发展比较 [M]. 北京：清华大学出版社，2003.

[53] 龚绍东．产业体系结构形态的历史演进与现代创新 [J]. 产经评论，2010 (1).

[54] [日] 佐佐木元．微笑曲线在伤害中国制造业 [J]. 中外管理，2007 (4).

[55] 郭金喜．传统产业集群升级：路径依赖和蝴蝶效应耦合分析 [J]. 经济学家，2007 (3).

[56] 龚唯平，薛白，董华．先进制造业发展的动力模型与评价指标体系 [J]. 产经评论，2010 (2).

[57] 顾为东. 产业结构调整的资本支持战略研究：以江苏为例 [D]. 南京农业大学博士学位论文，2001.

[58] 李英芳等. 产业融合：我国产业发展的战略选择 [J]. 中小企业管理与科技，2010 (3).

[59] 薛敬孝，白雪结. 当代日本产业结构研究 [M]. 天津：天津人民出版社，2002.

[60] 刘志彪，安同良. 现代产业经济分析 [M]. 南京：南京大学出版社，2007.

[61] 张平. 论中国三大区域产业结构升级中的问题 [J]. 福建论坛，2008 (5).

[62] 刘勇. 区域经济发展与地区主导产业 [M]. 北京：商务印书馆，2006.

[63] 左学金. 长江三角洲城市群发展研究 [M]. 上海：学林出版社，2006.

[64] 胡金星. 产业融合的内在机制研究：基于自组织理论的视角 [D]. 复旦大学博士学位论文，2007.

[65] 石齐平. 中国大趋势大博弈 [M]. 湖北：长江文艺出版社，2010.

[66] 魏农建，谷永芬. 产业经济学 [M]. 上海：上海大学出版社，2008.

[67] 阎钢军. 产业组织学研究的最新进展 [J]. 统计与决策，2007 (4).

[68] 王述英. 新工业化与产业结构跨越式升级 [M]. 北京：中国财政经济出版社，2005.

[69] Simon S. M.，Ho Annie Y. S. Li. 中国公司管治与制度 [M]. 中国香港：汇智出版有限公司，2010.

[70] 章家恩. 生态规划学 [M]. 北京：化学工业出版社，2009.

[71] [英] M. 芒纳星河. 使发展更可持续：可持续经济学框架与应用 [M]. 邹文博等译. 北京：中国社会科学出版社，2008.

[72] 王军. 产业组织演化：理论与实证 [M]. 北京：经济科学出版社，

2008.

[73] [美] Dominick Salvatore. 管理经济学 [M]. 冷德荣，王伟等译. 北京：清华大学出版社，2009.

[74] 田丽敏，谭力文. 产业梯度转移与中西部地区产业升级：基于全球价值链理论的分析 [J]. 经济研究导刊，2010（3）.

[75] 上海财经大学区域经济研究中心. 长江三角洲地区区域发展报告 [M]. 上海：上海财经大学出版社，2010.

[76] 纪玉山，纪明. 低碳经济的发展趋势及中国的对策研究 [J]. 社会科学辑刊，2010（2）.

[77] 国家统计局. 中国统计年鉴（2010~2011）[M]. 北京：中国统计出版社，2010，2011.

[78] 卢福财. 产业结构调整：中国工业经济学会 2010 年年会论文集 [M]. 北京：经济管理出版社，2011.

[79] 周天勇：中国梦与中国道路 [M]. 北京：社会科学文献出版社，2011.

[80] 李平，陈耀，郝寿义. 中国区域经济学前沿 [M]. 北京：经济管理出版社，2011.

[81] 吴敬琏，俞可平. 中国未来 30 年 [M]. 北京：中国编译出版社，2011.

[82] [新] 郑永年. 中国改革三步走 [M]. 北京：东方出版社，2012.

[83] [瑞] 库尔特·多普菲. 演化经济学 [M]. 北京：高等教育出版社，2004.

[84] 李伟. 不完全竞争中的技术追赶与产业升级：后发国家产业演化研究 [M]. 上海：高等教育出版社，2011.

[85] 芮明杰. 新一轮工业革命正在叩门，中国怎么办？[J]. 当代财经，2012（8）.

[86] 芮明杰. 第三次工业革命的起源、实质与启示 [N]. 文汇报，

2012-09-17.

[87] 芮明杰. 中国产业发展的战略选择 [M]. 上海：格致出版社，2010.

[88] 芮明杰，刘明宇. 产业链整合理论述评 [J]. 产业经济研究，2006 (3).

[89] 芮明杰，张琰. 模块化组织理论研究综述 [J]. 当代财经，2008 (3).

[90] 芮明杰，王子军等. 产业发展与结构转型研究 [M]. 上海：上海财经大学出版社，2012.

[91] 芮明杰，富立友，陈晓静. 产业国际竞争力评价理论与方法 [M]. 上海：复旦大学出版社，2010.

[92] 芮明杰，张琰. 产业创新战略 [M]. 上海：上海财经大学出版社，2009.

[93] 芮明杰，李想. 网络状产业链构造与运行 [M]. 上海：格致出版社，2009.

[94] 胡建绩，张锦. 基于产业发展的主导产业选择研究 [J]. 产业经济研究，2009 (4).

[95] 胡建绩，陈海滨. 促进产业集群企业衍生的关键“软因素”分析 [J]. 中国工业经济，2005 (3).

[96] 郁义鸿. 产业链类型与产业链效率基准 [J]. 中国工业经济，2005 (11).

[97] 刘明宇，芮明杰，姚凯. 生产性服务价值链嵌入与制造业升级的协同演进关系研究 [J]. 中国工业经济，2010 (8).

[98] 刘明宇，芮明杰. 价值网络重构、分工演进与产业结构优化 [J]. 中国工业经济，2012 (5).

[99] 刘明宇，芮明杰. 全球化背景下中国现代产业体系的构建模式研究 [J]. 中国工业经济，2009 (5).

[100] 叶素云，叶振宇．中国工业企业的区位选择：市场潜力、资源禀赋与税负水平 [J]. 南开经济研究，2012（6）.

[101] 伍华佳．中国高碳产业低碳化转型产业政策路径探索 [J]. 产业经济（人大），2011（3）.

[102] 伍华佳．长三角区域产业知识创新与核心竞争力：基于默会知识的思考 [J]. 社会科学，2008（1）.

[103] 伍华佳．上海高碳产业低碳化转型路径研究 [J]. 科学发展，2012（5）.

[104] 干春晖等．改革开放以来产业结构演进与生产率增长研究 [J]. 中国工业经济，2009（2）.

[105] 干春晖，产业发展与产业政策 [M]. 山东：山东人民出版社，2000.

[106] 高煜，刘志彪．改革 30 年我国产业发展演进的历史回顾与前瞻 [J]. 西北大学学报（哲学社会科学版），2008（2）.

[107] 高煜，刘志彪．我国产业结构演进特征及现实问题：1978~2006 [J]. 改革（1），2008.

[108] 刘志彪，多和田真．中国长三角与日本东海地区的产业经济发展 [M]. 北京：中国财政经济出版社，2007.

[109] 刘志彪，江静等．长三角制造业向产业链高端攀升的机制和路径 [M]. 北京：经济科学出版社，2009.

[110] 江静，刘志彪．生产性服务发展与制造业在全球价值链中的升级：以长三角地区为例 [J]. 南方经济，2009（11）.

[111] 高峰，刘志彪．产业协同集聚：长三角经验及对京津唐产业发展战略的启示 [J]. 河北学刊，2008（1）.

[112] 刘志彪．全球价值链中长三角地区外向型经济战略的提升 [J]. 中国经济问题，2007（1）.

[113] 刘志彪等．长三角区域经济一体化 [M]. 北京：中国人民大学出

版社，2010.

［114］［美］杰里米·里夫金．第三次工业革命：新经济模式如何改变世界［M］．张体伟，孙豫宁译．北京：中信出版社，2012.

［115］［英］彼得·马什．新工业革命［M］．赛迪研究院专家组译．北京：中信出版社，2013.

［116］［美］克里斯·安德森．创客：新工业革命［M］．北京：中信出版社，2012.

［117］［美］胡迪·利普森，梅尔芭·库曼．3D 打印：从想象到现实［M］．北京：中信出版社，2013.

［118］芮明杰．第三次工业革命与中国选择［M］．上海：上海辞书出版社，2013.

［119］彭亮．工业革命以来产业互动思想演进研究［J］．生产力研究，2011（9）.

［120］周洪宇，徐莉．第三次工业革命与当代中国［M］．湖北：湖北教育出版社，2013.

［121］周洪宇，鲍成中．大时代：震撼世界的第三次工业革命［M］．北京：人民出版社，2014.

［122］李河君．中国领先一把：第三次工业革命在中国［M］．北京：中信出版社，2014.

［123］王宏广，张俊祥，王革．第三次工业革命及我国的应对策略［N］．科技日报，2013-03-25.

［124］贾根良．美国在第二次工业革命中迅速崛起的经验和借鉴［J］．人民论坛，2013（6）.

［125］廖进球，吴昌南．产业组织理论［M］．上海：上海财经大学出版社，2012.

［126］黄桂田．产业组织理论［M］．北京：北京大学出版社，2012.

［127］张冬梅，汪彤．产业经济学［M］．北京：社会科学文献出版社，

2013.

[128] 黄南. 现代产业体系构建与产业结构调整研究 [M]. 江苏：东南大学出版社，2011.

[129] 唐德淼. 产业结构转型升级的路径选择：基于长三角区域分析 [J]. 兰州学刊，2014（7）.

[130] 唐德淼. 产业转型视角下的制造业与服务业融合 [J]. 中国流通经济，2013（10）.

[131] 殷群，李丹. 产业技术创新联盟合作伙伴选择研究 [J]. 河海大学学报，2014（2）.

[132] 唐德淼. 新产业革命影响下现代产业发展战略研究 [J]. 求实，2014（10）.

[133] 张建华等. 基于新型工业化道路的工业结构优化升级研究 [M]. 北京：中国社会科学出版社，2012.

[134] 唐德淼. 初论产业结构自组织机制的演进 [J]. 管理观察，2011（9）.

[135] 贾根良. 美国在第二次工业革命中迅速崛起的经验和借鉴 [J]. 人民论坛，2013（6）.

[136] 唐德淼. 自贸区溢出效应背景下现代流通产业发展战略研究 [J]. 中国流通经济，2014（3）.

[137] 唐德淼. 基于经济转型产业升级研究 [J]. 中国外资，2013（3）.

[138] 马兆婧. 对我国私募股权基金投资运作机制的法律探究：以中美对比为视角 [J]. 武陵学刊，2014（3）.

[139] 唐德淼. 产业优化升级视角经济持续增长动力研究 [J]. 云南社会科学，2014（4）.

[140] 魏守华，吴贵生，吕新雷. 区域创新能力的影响因素：兼评我国创新能力的地区差距 [J]. 中国软科学，2010（9）.

[141] Gert Peersman, and Frank Smets. The Industry Effects of Monetary

Policy in the Euro Area [J]. The Economic Journal, 2005, 115 (505).

[142] Matta, Massimo. Competition Policy: Theory and Practice [M]. Cambridge University Press, 2004.

[143] Poncet S. Measuring Chinese Domestic and International Integration [J]. China Economic Review, 2003 (14).

[144] Martin S. Advanced Industrial Economic (Edition 2) [M]. Blackwell Publishing, 2001.

[145] Demiao Tang. Study on Industrial Upgrading under the Background of China's Economic Transformation [J]. WIT (Press) - Transactions on Information and Communication Technologies, MIIT2013 (1777-1784).

[146] G. J. Werden, L. M. Froeb: The Effects of Mergers in Differentiated Products Industries: Logit Demand and Merger Policy [J]. Journal of Law, Economics, and Organization, 1994 (10).

[147] Fujita M. Krugman P. The New Economic Geography: Past Present and Future [J]. Papers in Regional Science, 2004 (83).

[148] Blinder, Alan. Offshoring: The Next Industrial Revolution [J]. Foreign Affairs, 2006 (2).

[149] Furman J., Porter M. and Stern S. The Determinants of National Innovative Capacity [J]. Research Policy, 2002 (31).

[150] M. Timmer and A. Szirmai. Productivity Growth in Asian Manufacturing: The Structural Bonus Hypothesis Examined [J]. Structural Change and Economic Dynamics, 2000 (1).

[151] Chesbrough H. W. Open Innovation [M]. Boston: Harvard Business School Press, 2003.

[152] Humphrey J. and Schmitz H. How Does Insertion in Global Value Chains Affect Upgrading in Industrial Clusters? [J]. Regional Studies, 2002, 36 (9).

[153] Ge Ying. Globalization and Industry Agglomeration in China [J]. World Development, 2009, 37 (3).

[154] Borrus, Michael, Dieter Ernst and Stephan Haggard, eds. International Production Network in Asia [J]. London and Newyork: Routledge, 2000.

[155] Sun H. Foreign Investment and Economic Development in China: 1979-1996 [M]. London: Ashgate Publishing Limited, 1998.

[156] Kedia B. L., Lahiri S. International Outsourcing of Services: A Partnership Model [J]. Journal of International Management, 2007, 13 (1).

[157] Hatch J. Firms to Pursue Flexible Strategy [J]. Supply Management, 2008, 13 (14).

[158] Gereffi G., Humphrey J., Sturgeon T. The Governance of Global Value Chains [J]. Review of International Political Economy, 2005, 12 (1).

[159] Mathieu V. Service Strategies within the Manufacturing Sector [J]. International Journal of Service Industry Management, 2001 (3).

[160] Syverson C. Market Structure and Productivivity: A Concrete Example [J]. Journal of Political Economy, 2004, 112 (6).

[161] OECD. Interim Report of the Green Growth Strategy [R]. Meeting of the OECD Council at Ministerial Level, 2010.

[162] Ciccone A. Agglomeration Effects in Europe [J]. European Economic Review, 2002. 46 (2).

[163] Hsieh C. , and P. Klenow Development Accounting [J]. American Economic Journal: Macroeconomics, 2010, 2 (1).

[164] Deardorff A. V. Ricardian Comparative Advantage with Intermadiate Inputs [J]. The North American Journal of Economics and Finance, 2005 (16).

[165] Yamashita N. The Impact of Foreign Outsourcing on Wage Inequality in US Manufacturing [J]. New Evidence, Economics Letters, 2010, 107 (1).

[166] Shan Weijian. Chin's Low-Profiit Growth Model [J]. Far East Eco-

nomic Review, 2006 (11).

[167] Alessio. The Structural Transformation Between Manufacturing and Services and the Decline in the US GDP Volatility [J]. Universidad Carlos Ⅲ de Madrid Working Paper, 2009 (2).

[168] Howell J. Reflections on the Chinese Stat [J]. Development and Change, 2006, 37 (2).

[169] J. Chevalier. Capital Structure and Product Market Competition: Empirical Evidence from the Supermarket Industry, American Economic Review, 1995 (6).

[170] Robert D. Willig. Merger Analysis, Industrial Organization Theory, and Merger Guidelines [R]. Brookings Papers on Economic Activity: Microeconomics, 1991.

[171] Adner R. Match Your Innovation Strategy to your Innovation Ecosystem [J]. Harvard Business Review, 2006, 84 (4).

[172] Azhar A. K. M., Elliott R. J. R. and Junting Liu. On the Measurement of Product Quality in Intra-industry Trade: An Empirical Test for China [J]. China Economic Review, 2008 (19).

后记

在复旦大学应用经济学博士后流动站学习和工作的两年中，得到了博士后导师芮明杰教授的悉心指导，导师的渊博学识和严谨治学精神，时刻鼓励着我在专业研究方面精益求精，在此，对导师的辛勤教诲和无私付出，表示真挚的谢意！

同时，非常感谢博士后流动站的姜波克教授、伍华佳教授以及为培养我而辛勤付出的各位专家老师！各位老师的关心和鼓励，使我不断探索的信心倍增；学术上高屋建瓴的指导，使我的专业学习能够“拨开云雾”有所收获。

我的博士后研究，经历研究开题、中期答辩，以及10多篇相关论文的发表到博士后研究报告（论文）的最终完成，经过了无数次的推敲思考、调研学习和修改完善。这其中更倾注了博士后导师的大量心血和参与我开题报告、中期报告、博士后研究工作报告评审的姜波克教授、张金清教授、胡建绩教授、陈学彬教授、苏东水教授、张陆洋教授、郑明教授等专家的指教和帮助，专家们的真知灼见给了我很多的研究启迪，使我受益匪浅，使我的博士后研究更加圆满！不胜感激！

最后，我衷心感谢为本书作序的南京大学刘志彪教授、被引用文献的学者、长三角相关城市被调研部门的协助人员和给予建议的专家；感谢指导、关心和帮助过我的所有老师、同学，是你们给我学术前进的动力；感谢支持我博士后研究的领导、家人和朋友！

后记